communication and education

コミュニケーション発達

絵で見る ことばと思考の発達

ちょうだい
ちょうだい
アーアー

明るい
怒りん坊?
ちょっと
小さい
歌が
上手
私って、
私って～!

● 坂口しおり　著

刊行にあたって

毎年３月の終わりになると、高等部の３年生達がたくさんの祝福を受けて特別支援学校を卒業していきます。皆、夢と希望に溢れた表情をしています。

そうやって巣立っていった子ども達は、５年後、10年後、どうしているのでしょうか。

どことなく弱々しいまま卒業し、「これからやっていけるのかしら？」と心配していた障害の重い子ども達が、進路先の施設で楽しく生活している様子を耳にしたり、何かの機会に会うとすっかり落ち着いていたり、といったことはよくあります。彼らの秘めたるたくましさに驚かされます。

それに対して、就職や進学をしていった子どもについては、「本人側の不適応」、「就労先の事情」と理由は様々ですが、結局のところ「仕事をやめて施設に通っている」、「特にすることもなく自宅にいるようだ」といった報告や噂を聞くことが少なくありません。

特別支援学校の卒業生が経験するのは、学校と進路先とでは、彼らへの対応や取り巻く環境に大きな違いがある、ということです。

特別支援学校の子ども達は、小学部から高等部までほとんど変わらない仲間達と共に、彼らを慈しむような環境で過ごしています。そして、18歳で学校を卒業し、それぞれの進路先へと生活の場を変えていきます。すでに出来上がっている進路先の文化を理解し、受け入れるといった経験を、恐らくは初めてすることになります。

ところが、その進路先で何らかの不適応を起こすと、次の行き先を見つけることはきわめて困難です。これは、特別支援学校の卒業生の場合、進路先の選択肢が限られているためです。アルバイトや進学といった、試行期間や猶予期間となる機会は、彼らにはほとんど用意されません。

卒業後の厳しい状況を想像もせず、子ども達は将来を夢見てつらい訓練に耐え、一生懸命勉強し、行事のリーダーとして周りを引っ張ってくれます。

彼らが、その努力や経験を活かせるような生活を卒業後に送れるようにするために、どのような支援をしていけばよいのでしょうか。

私は、コミュニケーション支援担当者として、高等部の子ども達と関わる機会があります。卒業後の彼らの「進路先への適応」を念頭に置いた時、彼らの「思考」と「言語」をいかに育てていくかが重要になってくるように思います。

例えば特別支援学校では、進路指導が重要視され、卒業生や進路先の人の話を聞くこと、現場実習で就労体験をすることが教育活動のメニューとして用意されています。子ども達は、そのような機会を通じて多くの情報や経験を得ることができます。

ただし、経験や知識、情報はそのまま子どもの力になるわけではありません。経験や情報を受け入れ、それを自分なりに捉え直し、取り入れるには、「思考」と呼ばれる考えの広さと深さ、また思考するための道具となる「言語」がその子どもの中に育っていることが必要です。

子ども達の「思考」や「言語」の力が、教科的な内容の学習を通し、生活経験を通じ、自然発生的に向上していくことが期待されるのであれば、取り立てて「思考」や「言語」の学習は必要とされないでしょう。実際、通常の学校教育においては、「思考」や「言語」の時間が用意されているわけではありません。

しかし、視覚や聴覚の障害も含め、何らかの弱さのある子どもに対しては、「思考」や「言語」を育てる学習場面の設定が必要に思います。

多くの研究者が、「思考」や「言語」能力は、人を含む環境や情報との相互作用を通じ、子どもが周囲の環境や情報を捉え直すことにより高まっていくと述べています。その場合、子ども達が多くの機会を通じて、彼らのことばで、文字で、人とのやり取りを行うことが重要になってきます。

ことばを話せない、生活経験や人と接する機会が著しく乏しい、といった子どもの場合、人とのやり取りの機会は相応に乏しくなります。ですから、経験や情報を自分の力にしていけるように、彼らの「思考」や「言語」を育てるような支援を意図的に行うべきではないかと考えました。

子ども達は、人を含む環境との相互作用を通じて多くの経験や情報を本人なりに理解し、知識として捉え直す中で、ゆっくりと彼らの「思考」や「言語」の力を獲得し、向上させていきます。そういった子ども達の「思考」と「言語」の育ちに着目しながら、特別支援学校にいる子ども達への支援を考えていくならば、障害が重いか軽いかにかかわらず、「『人が社会で生きていくために学ぶべきこと』とはどのようなことか」が見えてくるように思います。

本書では、これまでに提案されてきた言語発達区分を参考に、前会話期前半（０歳〜１歳６カ月）・後半（１歳６カ月〜２歳６カ月）、会話入門期前半（２歳６カ月〜７歳）・後半（７歳〜12歳）、会話期前半（12歳〜22歳）・後半（22歳〜）、と６つの段階に分けて子ども達を捉えてみることにしました。とりあえずのゴールは会話期後半です。

本書の内容が及ぶ範囲はかなり壮大なため、私にとっては少々冒険です。ですが、子ども達の支援再考への一石を投じることを期待し、出版という形にいたしました。多くの方に読んでいただき、ご意見、ご批判いただければ幸いです。

旅立っていく子ども達が、社会の荒波ともいえる様々な試練を受け止めながら、誇りと自信を胸に秘め、しなやかに、たくましく、その子らしく生きていくことを願って……。

平成20年12月吉日　坂口しおり

絵で見ることばと思考の発達

目　次

第２章　理解につながる知識の構築と思考の道具の獲得

第３章　思考や理解を支えるもの

本書の内容

赤ちゃんはどのようにして周囲の出来事を本人の知識としていくのでしょうか。内言語と言われる「考えるためのことば」は、いつ獲得されるのでしょうか。幅広い知識は、広い視野は、高い道徳心は、深い思考は……。

知りたいことはたくさんありますが、答えを見つけることは容易ではありません。それでも支援者は、「今、子ども達に求められていることは何か」を模索し、正しい答えを思い描く努力をし続けていくべきでしょう。

本書では子ども達の内言語の獲得と育ちをストーリーで描いてみました。ここでは、子ども達が誕生してから高校を卒業するまでの学習内容を、大きく２つに分けています。

内言語の獲得と発達

最初の段階は、内言語が獲得されるまでの時期で、生後から小学校低学年位までです。

この時期までに子ども達は、生活経験から得られた知識を整理し、写真のような「生活の知識マップ」（第２章参照）を本人の中にもつようになります。この「生活の知識マップ」は、子ども達が生活経験から離れ、いわゆる教科学習を行う中で多くの新しい知識を受け入れるための受け皿となるものです。

内言語は、この「生活の知識マップ」を作り上げる過程で獲得されるように思います。選択や説明が要請されるような、知識の内容や意味の整理が求められる場面を繰り返す中で、本人なりにことばで考えるようになり、そのことばがいつしかその子どもの内言語になっていくのでしょう。

次の段階は、内言語が高次化される時期で、小学校中学年から大学卒業位までです。

子ども達は先人の遺していった知識を理解し、生活を共にしたことのない人との活動を通して、「生活の知識マップ」をより細かく、深く、幅広くし、そして多くの場面で活用可能な内容をも含んだ

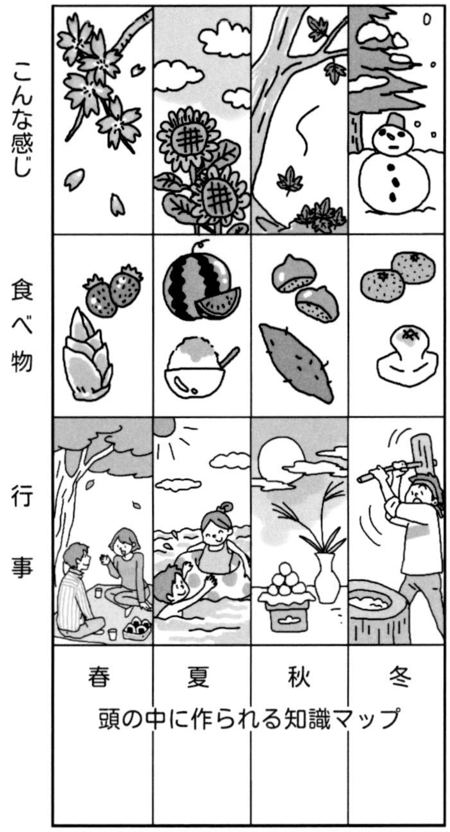

生活の知識マップ

「知識のマップ」としていきます。そして、成長する中で出会うだろう困難に対し、本人の理想とする結果を思い描いてよりよい方法を模索する過程で、思考が高まり内言語は高次化していきます。

２つの段階の相違は、内言語の獲得までが生活の中から整理される「正しいこと」への希求であるのに対して、内言語の高次化においては「客観性」が要請されることです。

学校を卒業し、社会で活動していくためには、生活の延長上で作成される「生活の知識マップ」を、これから出会うだろう目新しい出来事にも適切に対処できるように、精緻で柔軟性があり、応用可能な内容をもつような、「知識のマップ」と名づけられるようなものに作り変えていくことが必要に思います。

この本で使われることば

ことばには、コミュニケーションの道具としての「話しことば（いわゆる外言語）」と、思考のためのことばと言われる「内言語」があります。「書きことば」もありますが、これはどちらにもあてはまるように思います。

私達は、自分の中にある「内言語」で多くのことを「理解」し、理想とする目的を実現するために「思考」しています。実際に表出される「ことば」や「文字」の多くは、「内言語」で思い描かれた目的を実現するために、必要に応じて発せられるものです。

著名な言語心理学者であるヴィゴツキーは、「思考」と「言語」の関係について、次のように述べています。彼によると、「発達当初の、『思考』は非言語的で主としてイメージに基づき、『言語』は前知能的で思考とはつながっていない。そして、２歳前後で思考と言語は連結し始め、物事を考える時に言語を使用し、発話は思考を表し始める。そして、７歳までには思考と言語は相互に結びつき、相互依存するようになる」ようです。

確かに、「内言語」と「思考」を明確に区切ることは難しく、例えば「内言語」＝「思考」とする向きもありますが、そうするとことばをもたない赤ちゃんは「思考」をしないことになります。

ここではヴィゴツキーの考え方を参考とし、「内言語」は「頭の中で考えることば」であり、「思考」は「ことばに限らず、理想とする目的に向かって考えを巡らせること」と捉え、それぞれは独自に発達し、徐々に結びついていくものとしておきます。

この本での定義

まずは考えを進める上での柱となることば、「記憶」、「理解」、「知識」、「思考」のこの本での定義を述べておきます。

記　憶

「あることを覚え」、「覚えたことを保持し」、「考えたり話したりする時など必要な時に思い出す」こと。覚えることが「記憶する」ことだと考えられがちだが、覚えることは「記銘」であり、覚えてから思い出すまでの一連の活動が「記憶」である。

理　解

ある事柄について本人が「わかった」と感じること。理解の内容が必ずしも正しくないとしても、本人のもっている知識と結びつけて自分なりの説明がつくと、私達は「わかった」と感じ、安定した気持ちが得られる。

知　識

自分の中で安定して形づくられた「知っている」こと。新しいことを覚えたり、人に説明したりするときに使用できる内容であり、「家」、「喜ぶ」、「遠足」など名前がついた知識は取り出しやすく、新しいことを理解する時の助けとなる。

思　考

「理想とする目的の実現を目指し、物事を冷静に、筋道を立てて考える」こと。「冷静であること」、「筋道を立てて（論理的に）考えること」の２つの条件を満たす必要があり、結果に向けて試行錯誤する過程そのものでもある。

ところで、「思考」にあたっては、考える材料となる何らかの「知識」が必要となります。赤ちゃんは、自分についても周囲についてもほとんど知識をもたないため、自分と周囲に関する知識の獲得から学習を進めていきます。獲得していく知識の１つに「ことば」があります。

「知識」は、すでにある知識と、新しい知識を重ね合わせて「理解」することでその数を増やしていきます。「知識」は「生活」と「学習」を通して培われ、「生活」と「学習」は私達の「記憶」に支えられています。

赤ちゃんがどのように周囲のことを記憶し、理解し知識としていくのか、目的を達成するためにどのように思考し、またその思考を高めていくのかといったことを概観し、内言語と言われる「思考のためのことば」の育ちについて考えていきます。

内言語の発達の様相

本書で説明される内容を整理したものが、表「内言語の発達段階」です。

本来であれば読み進めた後でこの表について説明するべきですが、見通しをもって読み進む方がわかりやすいだろうと考えて、先に紹介しています。必要に応じて、本文を先にお読み下さい。

私は、表に示したように内言語の発達を６段階に分けて考えました。

６段階とは、前会話期前半（生後～１

内言語の発達段階

会話期後半	22歳～	知識の獲得と思考の運用 自分と周囲の捉え直し
会話期前半	12歳～22歳	知識の獲得と思考の高次化 知識に基づく自分像の理解
会話入門期後半	７歳～12歳	知識マップの構築と抽象的な思考の始まり
会話入門期前半	２歳６カ月～ ７歳	出来事知識の一般化とテーマの共有（ことばによる説明と理解）
前会話期後半	１歳６カ月～ ２歳６カ月	出来事知識の再構築（ことば＋身体動作による規則性の再現）
前会話期前半	０歳～ １歳６カ月	出来事知識の獲得（周囲の規則性と名称の理解）

歳６カ月位)。②前会話期後半（１歳６カ月～２歳６カ月位)、③会話入門期前半（２歳６カ月～７歳位)、④会話入門期後半（７歳～12歳位)、⑤会話期前半（12歳～22歳位)、そして一生続くであろう⑥会話期後半（22歳～）です。

前会話期前半（生後～１歳６カ月）は、周囲や生活に関する多くのことを経験し、規則性を見出し、本人なりの「出来事イメージ」を作り上げ、その「出来事イメージ」にことばをつけて「出来事知識」としていく時期です。

前会話期後半（１歳６カ月～２歳６カ月）は、前会話期前半で獲得した「出来事知識」を、自分の身体、動きを通して再現し、確かな知識としていく段階です。

会話入門期前半（２歳６カ月～７歳）になると、子ども達は急激にことばを獲得し、身近に使われることばで理解し、ことばで考え説明するようになります。また、少人数の集団の中で、ことばを通したやり取りが可能となります。

会話入門期後半（７歳～12歳）の頃には身近な生活に基づいた知識マップが構築され、内言語による思考が始まります。基礎的な知識マップを土台に、多くの知識を受け入れ、また、課題達成のための知識の使用、内言語による抽象的な思考が始まります。

会話期前半（12歳～22歳）は、多くの知識を受け入れ、知識の運用方法を含めた高度な知識を獲得していきます。また、そういった知識を自分自身の理解にも差し向けるようになり、客観的な思考が可能となる時期でもあります。

そして、会話期後半（22歳～）から一生をかけて私達は、社会の中で、自分と違う環境、生活をしてきた人とお互いを尊重し、自分自身を保ちながら、人と円満なコミュニケーションをとり、思考を高め、考えを深めていくことを続けていきます。

発達表の段階は、心理学（人間発達に関する学問分野）に関する文献が示す段階区分と多くの一致点があります。子ども達の発達には多くの人が理解可能とする何らかの質的な変換点があるのでしょう。そして、ある段階から次の段階へ移行するためには、前の段階が充実し安定していることが必要に思います。

各段階と質的な変換点を明らかにしようとする目的は２つあります。

１つは、各段階で子ども達が学ぼうとする内容を理解することにあります。

２つめは、ある段階から次の段階へどのように移行していくのかを見ていくことにあります。

望まれる援助をするために、必要とされる手を差し伸べるために、内言語という「思考のためのことば」から、子ども達のその時その時の育ちをストーリーで描くことが、本書の目的です。

第1章

記憶から知識
そして理解へ

記憶には、視覚記憶（見て覚える記憶）、聴覚記憶（聞いて覚える記憶）、出来事記憶（経験した記憶）、意味記憶（知識となる記憶）、手続き記憶（身体で覚える記憶）、エピソード記憶（経験で覚えた、ある程度言語化できる記憶）、その他いろいろな種類があります。

記憶の中心は、「視覚的な記憶（視覚記憶）」です。例えば下のイラストで示されるように、「りんご」と言われたら「本物のりんご」を思い浮かべるでしょう。視覚記憶は安定性があるため、私達の記憶の支えとなります。

赤ちゃんの生活や学習は「本能」や「反射」と言われる生得的なものと、経験するたびに少しずつ形作られる「出来事の記憶（出来事記憶）」に支えられています。出来事記憶の繰り返しの中から本人にとって意味のあるものが浮かび上がり、「イメージ（心像）」となります。「イメージ」がある程度形作られ、「必要な時に取り出せる、知っていること」になったものが意味記憶であり、それが「知識」です。意味記憶に「ことば」がつくと一層安定し、「確かな知識」となります。

ただし、本来の「イメージ」とは、ある程度輪郭のある、心の中に思い浮かべる姿や情景のことです。赤ちゃんが思い浮かべる「イメージ」は、お母さんが視界に入ると何かが頭に浮かび、注意が向いてしまうような、「原初的イメージ」とも言えるおぼろげな記憶です。そのような赤ちゃんの思い描くイメージを、「出来事イメージ」としておきます。

ここでは、赤ちゃんの「出来事記憶」が「出来事イメージ」となり、「出来事知識（生活の知識）」として安定し、「出来事知識」が蓄積されて整理され、「新しい知識」の「理解」につながる「生活の知識マップ」とも言えるものになっていくまでを見ていこうと思います。

リンゴ、食べる？
あれかなー？
たべたーい!!

「リンゴと言われたら…」

1. 出来事イメージの構築から出来事知識の獲得へ（0歳～1歳半）

1）出来事イメージの芽生え

赤ちゃんは、生後間もない頃から、お母さんに抱かれるとお母さんの胸を探し始めます。夜中に泣かれ、眠くてたまらないお母さんが、赤ちゃんを胸の近くに寄せると、多くの赤ちゃんは自力で母乳を飲み始めます。本能的なものもあると思いますが、それだけではなく、哺乳を繰り返すうちに、赤ちゃんの中には、「この場面で、この辺りに口をつけたら何かおいしいものが出た。お腹が一杯で心地よくなった」という「お母さん」と「お母さんの胸」という「情報」から浮かび上がる何らかの「快のイメージ」が出来上がり、そのイメージに導かれて胸を探し当てているように思います。

生後３カ月を過ぎた頃には、「お母さん」、「哺乳瓶」等本人にとって意味のある対象が周囲から浮き上がって見えるのか、それらを目にすると身体の動きを止めてじっと見つめる、興奮したように全身をバタバタ動かす、といった行動が見られるようになります。

●分析　赤ちゃんには、かなり早い時期から、本人にとって意味のある出来事から浮かび上がる何らかの「出来事イメージ」が作り上げられるのでしょう。本人にとって意味のある対象を目にすると、その出来事イメージが呼び起こされるようで、その対象を見るとそれまでとは異なる、強く意識を向けるような行動をするようになります。

Aちゃん
ユラユラね
あったかいなー
フワフワするなー
心地よいなー
なんかいいなー!

赤ちゃんの出来事イメージ

2）浮かんでは消えるイメージ

２カ月を過ぎた頃の赤ちゃんは、「二項関係」と言われる、「自分と大人との関係」や「自分と物との関係」を作り上げ、それを「出来事記憶」にしていきます。

人に対する記憶は、「笑ったら、笑い返された」、「泣いたら、揺らされた」といった、「〜をしたら、〜になった」という場面の繰り返しの中から、「自分の行動に伴う相手の反応（〜をしたら、〜をするだろう）」という関係に気づいてくるようです。３カ月を過ぎると、右のイラストのような、「自分が舌を出したら、お母さんも舌を出すだろう（共鳴動作）」と期待するかのように舌を出しながらお母さんの顔を見続けるようになります。自分の行動に伴うお母さんの反応が、動き、表情や声、雰囲気、場面と結びつけられて赤ちゃんの中に作られるのでしょう。こうしたやり取りが繰り返されることで、お母さんが近づくと、「以前起きた出来事の断片」が呼び起こされるのか、赤ちゃんはお母さんに強い視線を向けるようになります。

物に対する記憶は、「手で触れたら、カーテンが揺れた」、「哺乳瓶が口に入ったら、お腹が一杯になった」といった経験から、「〜をしたら、〜が起きた」というイメージが、その物と結びつけて作り上げられていくようです。カーテンをうれしそうに見ていた赤ちゃんが、身体の動きを止め、何かを思い出すかのようにカーテンの先の方を見ていて、そのうちカーテンを触り、カーテンが動くと笑っている姿を目にします。赤ちゃんが「これに触ったら、あれが揺れた」という関係を確認しているように感じられます。

お母さんも
ベー!!
あ、ベー やってくれた!
お母さんもしてくれるかな？

●分析　この時の赤ちゃんの頭の中の目には、「現実に目の前にある人や物」から導かれる「過去にそれを見た時の出来事イメージ」が浮かんでは消えているようです。「〜をしたら、〜になった（これを因果関係と言います）」という出来事を繰り返す中で、「〜をしたら、〜になるだろう」といった再現を期待するかのように、対象に働きかけてはその動きを見続ける様子が観察されます。

3）形作られていく出来事イメージ

生後６カ月位の赤ちゃんは、お母さんが通りかかると抱いて欲しそうに手を伸ばし、声を出して気を引こうとします。人が視界に入ると、「一緒に過ごした時の相手の表情や感触、雰囲気、味わった感情の漠然としたイメージ」が思い浮かび、同じような関わりが繰り返されることを求めているように感じられます。

この時期の赤ちゃんは物に対して積極的に関わろうとし、「物」と「自分の動作に伴うおもちゃ(物)の動き」を覚えようとするかのように、集中しておもちゃを叩き、ひもを引く様子などが見られます。

下のイラストに示されるように、目の前に哺乳瓶が置かれると手を出して欲しがるなど、毎日繰り返される行為に関する物を目にすると、ある程度はっきりとしたイメージが浮かんでくるようです。

ただし、この時に浮かび上がる「イメージ」は、それと関係づけられる、何らかの対象が目の前にある間に限定されるようで、対象が視界から消えると、「頭に浮かんでいた何らかのイメージ」も瞬く間に消えていくようです。お母さんが通り過ぎたり、見ていた物が持ち去られたりすると、あたかも「何もなかった」かのように、視線はすぐに他の物に移っていきます。

●分析　身近な人や物に関するイメージが、「～は、～をしたら、～をするもの」として数多く作られてきているようです。人や物を見かけると、何かを期待するかのように積極的に働きかける様子が観察されます。ただし、そういったイメージは、目の前の人や物に支えられて浮かんでくるようで、人や物が視界から消えると、そのイメージも消え去るようです。

あ、あれいいなー

4）「見えている物」と「見えている物から描かれるイメージ」の時間的な隔たり

赤ちゃんは、6カ月を過ぎる頃から下のイラストに示されるように、「転がってごみ箱の後ろに隠れてしまったボール」の後を追うように、そちらに視線を向け続けるようになっていきます。この頃の赤ちゃんは、お母さんがわざとおもちゃにタオルをかけると、そのタオルを取り去ってはじっとおもちゃを見ています。何度か繰り返すうちに、「そこにおもちゃがある」とわかってくるようで、笑いながらタオルを取り、おもちゃがあることを確認しては、ケラケラと笑っています。

見ていた物が視界から消えても、あたかも見えているかのようにその物があった方向に視線を向け続ける行動は、「物の永続性」と言われるものです。

「物の永続性」は発達の基礎となる重要な内容です。

子どもがお菓子の箱を開けようとするのは、箱の中に入っているお菓子がイメージできるからです。靴をゲタ箱に入れるのは、ゲタ箱や靴を見ると、靴の入っているゲタ箱や、靴を入れている自分の姿が思い起こされるからでしょう。「イナイイナイバー」が楽しいのは、手の向こうにある顔が想像され、手がはずされると想像していたものとは違う表情（舌を出すなど少々大げさと言われる表情）が出現する、その意外性がおもしろいからのように思います。

●分析　生活を通して培われた身近な人や物へのイメージは、目の前からその人や物が消えても子ども達の頭の中に残るようになっていきます。

例えばボールを見た時に頭の中に浮かぶ「ボールのイメージ映像」は、ボールが赤ちゃんの視界から消えてからも、しばらくは残っているようです。

あそこにボール
あるんだなー!

見えなくても 見えるよ！

「物の永続性」の獲得は、子ども達に記憶する力がついてきたことを示しています。この時期を境に、子ども達は働きかけた時の反応や動きを覚えようとするかのように、積極的に周囲の物に気持ちを向け、働きかけるようになります。

5）意図への気付き

少し前の生後４カ月を過ぎた頃には、赤ちゃんの視線には力強さが感じられ、「目が合った」という印象を受けやすくなります。そして「追随注視」と言われる、お母さんの視線を追ってお母さんの見た方向を見る行動が見られるようになります。そのうちに下のイラストのように、お母さんが見ている物、注意を向けている物を一緒に見るようになってきます。

「共同注意」と言われるこの行動は、赤ちゃんがお母さんの視線を通して今注目すべき場面を理解し、出来事の意味を学ぶにあたって必要とされる行動であるため、発達上重要視されています。隣の部屋に転がっていくボールをお母さんと一緒に見ていた赤ちゃんは、「こういう時お母さんはどういう顔をするのかな？」と探るように視線をお母さんに向けることはよく見られます。

７カ月を過ぎると赤ちゃんは、お母さんの行動や表情の変化には、行動や表情の原動力となる気持ちや意図があることに気づくようです。そして、行動の前後にお母さんに視線を向け、積極的にお母さんの意図を理解しようとし始めます。

6）欲しい物を手に入れるために

生後６カ月を過ぎても、赤ちゃんはまだ自由に動き回ることはできません。でも、次頁イラスト①のように、この頃から「あれが触りたい」、「あの食べ物が欲しい」といった、対象に対する何らかの

ボール、いっちゃった
あー、いっちゃった、ね〜

共同注意

要求は明確になってきます。「欲しいけれど、自分では取れない」という状況の中で、お母さんは何度か「はい、どうぞ」とおもちゃを手渡すでしょう。

それが繰り返されるうちに、赤ちゃんは、ボールが転がった時にボールとお母さんの顔を見比べるようになります。イラスト②のように、「ボール」と、「いつもボールを取ってくれるお母さん」のイメージが結びついてきているようです。

「お母さんを見ている…ボールがくる」という関係が繰り返される中で、イラスト③のように、いつしか「お母さんにお願いするとボールを取ってもらえる」と気づくようです。

生後10カ月位になると、「お母さん、取って」と言っているかのように要求を伝えるようになります。この時の赤ちゃんは、お母さんの目を見て、その目に向かって何かを訴えているように思えます。お母さんの意図に気づいてきた赤ちゃんは、お母さんの意図に対して「取って、お願い」と働きかけるようになります。

同じ時期に赤ちゃんは、スイッチにも興味を示します。CDの開閉ボタンを押しては扉が開閉する様子を見続けるなど、スイッチの操作がもたらす結果を確認しているようです。

「どうしても手に入れたい」という気持ちがあり、「どうしたらよいのか」と考えている時に、「お母さんにお願いする→ボールを取ってくれる」、「スイッチ

①

あれ、欲しいなー!

②

お母さん
いつも取ってくれるなー

③

お母さん、
ちょうだい
ちょうだい
アーアー

あれをちょうだい

を押す→電気がつく」といった規則性を見出し、「人」や「物」に「〜をしてちょうだい」、「〜になって」と働きかけるようになっていきます。こういった、「自分」と「物」と「人（物）」との関係は「三項関係」と言われ、この時期の赤ちゃんの発達を見る時に重要視されています。

実際の行動においても、下のイラストで示されるように、ボールが欲しくてお母さんに視線を向け、発声や身振りで訴える様子が観察されます。この時の赤ちゃんはお母さんを見てはいますが、頭の中には「取ってもらいたいボール」が浮かんでいるようです。

そして、「どうしてもボールが欲しい」と強く思った時に、「そうだ、いつも物を取ってくれるお母さんにお願いすればいいんだ」と気づき、訴えかけるようにお母さんを見たり、声を出したり手を伸ばしたりするのでしょう。

ボール
ちょうだい
アーアー!
お母さん、ちょうだい

●分析　生後６カ月〜10カ月位の間に赤ちゃんは、「〜をしたい」気持ちと、「〜をしたら、〜になる」といった出来事イメージが結びつき、自分の力では目的が達成できない時でも、「人」や「他の物（ひもを使ってその先にあるおもちゃを取ろうとするなど）」を使うと目的が達成できることに気付き、「〜をしてちょうだい」と積極的に要求を出してきます。

お母さんの意図に気付いた赤ちゃんは、単なるお願いの行動から、「お母さん、ちょうだい」のように、お母さんの意図に対して働きかけるようになっていきます。

また、「ボールが欲しい」といった要求の気持ちは、別の対象を見ていたり、何らかの動作をしていても忘れることはなく、その要求がかなえられるまで、「ぼくは〜がしたい」と要求し続けていられるようにもなってくるようです。

三項関係を獲得すると、視線、発声、全身の動きや手を伸ばすといった手段を組み合わせ、何とか要求を伝えようとします。「欲しい、欲しい」とボールにだけ視線を向けていた赤ちゃんの中に、「お母さん」＋「ボール」＋「取って」の原型となる、「誰に、何を、どうして欲しい」といった考えが芽生えてくるように思います。

7）出来事イメージによる「行動の調整」

10～12カ月の間に赤ちゃんは、社会的な手段（身振り）を獲得します。「これ、持って」と手渡す、「ほら、見て」と持っている物を見せる、「あれ、欲しい」と対象を指さすといった、多くの人に意図が通じやすい手段（これを社会的伝達手段と言います）を用いて、大人に対して共感や要求といった意図を伝えます。

「投げてもらうために、お母さんにボールを手渡す」といった行為は、「～をしてもらおう」と結果を期待し、「手渡す」ことです。「手段―目的関係」と言われる「～を実現するために、～を使用する関係」が理解され始めたことを示しています。

この時期の赤ちゃんは、目の前にあるボールを見ながら「ボールを受け取って投げているお母さん」を思い浮かべ、「お母さんに渡すといいかも」と考え、「ボールを手渡せる」ようになっています。目の前のボールから引き起こされる出来事イメージ「自分が投げる（ポンしよう）」、「お母さんが投げる（ポンしてもらおう）」等の中から、「お母さんに投げてもらうイメージ」が選択され、お母さんにボールを手渡します。目的に向けて自分の次の行動を調整し始めています。

●**分析**　「手段―目的関係」の理解により、目の前にある対象から引き起こされる出来事イメージが、「行為と結果」という連続性のあるものになっていきます。「～をするために、～をしよう」と、目的が赤ちゃんの次の行動を調整し始めたようです。

8）出来事イメージの獲得から再現へ

この頃から赤ちゃんの要求の目的は、様々に分化してきます。「お母さん、見て」とお母さんの気を引くことを目的とすることや、「あれを、取って」、「おむつを、替えて」と物やサービスを得ることを目的とすることもあります。

生活経験で得られた場面や状況の知識が積み重なり、「人」に対しても「物」に対しても「こうして欲しい」、「こうしたい」とイメージがもてるようになり、そのイメージをもう一度再現したいと願うため、要求の数も種類も増えてくるように思います。

そして、「～に、～をして欲しい」、「～を、～にして欲しい」と要求する対象と要求する内容が明確になっていくことで、伝える方法もよりわかりやすいものとなります。「手渡す」、「受け取る」、「差し出す」、「指さす」といった行為に代表される社会的伝達手段を獲得し、その手段を発声や視線を伴って用いることで、赤ちゃんの要求は、周囲の人に明確に伝わるようになります。

9）イメージから知識へ

生活を通してことばを覚えてきた赤ちゃんは、１歳を過ぎる頃から「マンマ」、「ワンワン」など一語文と言われる簡単なことばを話し始めます。

「わかることば」と「ことばに伴う、わかる動き」も格段に増えてきます。「マンマよ」と声をかけると茶碗を取りに行き、「どーぞ、～をしてね」と言って持ってきたお碗をお母さんに手渡します。

右のイラストで示されるように「ちゃんと、ポイしてね」の指示の、「ポイ」は「投げること」で、「ちゃんと」ということばは「箱の中にきちんと物を入れること」とわかってくるようです。だからこそ、ことばの指示を聞いて、目の前の箱に物を入れるという行動を行うことができるのでしょう。

「物や人の動き」や「場面の展開」として頭に浮かんでいた出来事イメージに、「ことば（名前）」がついたことを示すものです。

これを命名と言い、名前がつけられることで視覚的なイメージが明確化され、知識となります。

●分析　「出来事イメージ」に「ことば」がつけられ、「～というのは、こういうことだろう」、「～と言われたら、～をするのだろう」と、ことばと結びついたイメージが「生活の知識」として赤ちゃんの中で定着しつつあるようです。

ハーイ！
ポイね
ちゃんと
ポイして
おもちゃ

ちゃーんと、ね
おもちゃ

ちゃーんと、ね！

2．生活の知識の再構築
（1歳半～2歳半）

1）ことばへの志向と内言語の芽生え

身の回りで使われることばを覚え続けていた赤ちゃんが1歳半位になると、今度はご飯を食べた後、「おいし、したね」と自分の行為をことばで伝えようとし始めます。例えば、手を洗った後その手をお母さんに見せながら「Aちゃんきれい、きれい、したのね」と問いかけるように、自分の知っていることばの使い方が正しいのかどうかを確認していきます。

同じように1歳半を過ぎると、下のイラストのように、子ども達は絵本の中やテレビの方を指さして、「なーに、なーに？」とそこに登場する人や物の名称を知りたがります。「くまちゃん、ねんね」、「おいし、した？」とその絵について説明する様子も観察されます。

こういったことばは、人に向けられることもありますが、あたかも自分に言い聞かせるかのように話すこともあります。「内言語」と言われる、「考えるためのことば」が育ちつつあるようです。

●**分析**　自己流で理解してきた「ことば」や「ことばの使い方」ではなく、自分の生活環境で「正しく使われていることば」を理解したい、「自分の知らないことばを知りたい」といった気持ちが湧き上がってくるようです。また、内言語の萌芽となる独り言と言われる、「頭の中のことばで考えること」が始まります。

それはリンゴ
おいしーおいしーよ
なーに？

これ、なーに？

2）出来事イメージの再現

１歳半を過ぎると、子ども達は生活全般に見通しがもてるようになり、下のイラスト①のように、「散歩に行こう」と声をかけられると帽子をかぶり、靴をはき、いつものお出かけバッグを持って玄関に向かいます。

①

くつ
ぼうし
バッグ
お散歩行くわよー!
ハーイ
行きまーす

私 わかるわ！

出勤の準備をしていたお父さんに、「かーしゃ、どーぞ」と仕事用のかばんを手渡します。「生活で使用されることばや動き」が個人的な内容ではあっても、「知識」として定着してきたことを示します。

また、右のイラスト②のように、ある場所に行くとそこでの出来事を思い出す様子が見られます。実際の場面から離れた「おままごと」などによる生活の再現（これをここでは、「生活再現遊び」と呼びます）も始まります。

②

Sweets
あっ
ケーキある
Sweets
アラアラ
よく
わかったわね!
たい
たい!

ここ知ってる…

次頁のイラスト③のように、「ねんね」と言いながらぬいぐるみを寝かせる、イラスト④のように、かばんと帽子をかぶり「いってらっしゃーい（「いってきまーす」の意味です）」と隣の部屋に行く、「どーぞ、おいちいね」とぬいぐるみにスプーンで食べ物を食べさせる、こういった遊びを楽しそうに繰り返します。

イラスト⑤のように、実際の場面を思い出すヒントとなるものを使い、身体を使って再現することは、ふり遊び、見立て遊びと言われます。「ご飯を食べる」、「散歩に行く」と名づけられたことばの内容を本人なりに再確認しているようでもあります。

③

ねーね
ねんねん…よ

グーグーしてるね！

④

よいしょ
よいしょ
いって
らっしゃーい!
うみよ!

Aちゃんは、海に行く用意をして、隣の部屋にうれしそうに向かいました。

海へ行く、つもり…

⑤

「いただきます」
「パクパク」
「ごちそうさま」
おままごと　ああして　こうして
いただ・・・
あ!手!あらうんだ!!
「いただきます」
「パクパク」
「ごちそうさま」
ごはんは、手、
あらってからだわ

ご飯ってどう食べるんだっけ…

●**分析**　生活の再現を通して、「私の知っているお出かけ」とは、「バッグを持って、外へ出て、どこかへ行くこと」のように、「ことば」をつけて覚えた「出来事イメージ」を、身体を通して再現することで、「お出かけって、〜をして、〜をして、〜をすることだわ」とその内容を再確認し、「生活の知識」として定着させているように思います。

3）やりたいことを伝えるために

1歳半を過ぎると、周囲で使われていることばや、日々繰り返される場面とそれに伴う動作のほとんどが理解され、生活に余裕があるように見受けられます。ところが、子ども達が突然怒り出す、突然泣き出すといった行動を見せることもあり、周囲の大人を戸惑わせます。

生活再現遊び、いわゆる「おままごと」が出現し始めるこの時期は、子ども達なりに「～をしたい」という出来事イメージを描けるようですが、まだことばだけでは自分の意図が伝えられない時期でもあります。右のイラスト①のように、使いたい物が目の前になかった場合、「私は、～をしたい」と伝えることは困難です。「グルグル絵を描きたい」と思ったら、目の前に紙やペンがなくても「紙を出して」と伝えなければなりません。「伝えたいけれど伝えられない」というもどかしさから、子ども達が泣いたり怒ったりすることは想像に難くないでしょう。

でもこうした時期を経て、子ども達の意図を伝える力は格段に上達します。出かけたい時にはお母さんが外出の時に使うバッグを「どうぞ」と手渡し（外へ行きたい)、アイスが食べたければお皿やスプーンを持って冷蔵庫にお母さんを連れて行きます。イラスト②のように、「ペン、ちょうだい」と2語、3語とことばを組み合わせて伝えられるようになるまでの間に、子ども達は「どうしたら、自分の要求を伝えられるか」を考え、身振りや具体物を使いこなす方法を見出していくように思います。

①

グーグー??
眠りたいの?
お絵描き
したいの
グーグー
たいの

②

グーグーよ
ほら、ね
こうしたいの、私

ねー、あれ、したいの

●分析　「要求の内容」が高まり、でもそれを伝える手段が乏しい場合、子ども達はもどかしさや憤りを感じることでしょう。そして、「それでも何とかして伝えたい」という気持ちが強くなった時、自分なりに伝える方法を工夫し、表現していくように思います。1歳半過ぎの子ども達は、「思い描いた自分のしたいこと」を伝えられないもどかしさや憤りと葛藤しながらも、本人なりの解決策を見出していくのではないでしょうか。

4）行動やことばの捉え直し

歌遊びやお母さんの行動を興味深そうに見ていた子どもに、しばらくしてからその行動を再現しようとする様子が見られます。１歳半を過ぎた子どもに見られる、延滞模倣と言われるこの行動は、子ども達が経験したことを思い出し、自分なりに捉え直し、身体で表現しながら再確認していることの現れです。

２歳近くになると、子ども達は自分なりに理解していたことばが、必ずしも社会的に使われている意味ではなかったことに気づき、ことば本来の意味を覚えようとし始めます。

例えば、「バイバーイ」の身振りは玄関でするものだろうと思っていたら、人と別れる時に使うことばであったこと、下のイラスト①のように食べ物はすべて「まんま」でよかったのですが、実は「パン」、「ご飯」、「バナナ」と１つずつに名前があったことを理解していきます。

①

ワンワン
マンマ
ネコ
イヌ
パン
ゴハン
バナナ
そうか、みんな名前があったんだー!

みんな名前があったんだね

下のイラスト②のＡちゃんは、机をトンネルに見立てて遊んでいます。入り口で言うことば（「ターイ！」＝「行きたい」の意味）、途中で言うことば（「バイバーイ」）、トンネルを出たら言うことば（「おかえり」＝「ただいま」の意味）、とそれぞれの「ことば」を場面と結びつけて理解し、その場面に合わせて適切に使おうとする様子がうかがえます（これを「ことばの語用能力」と言います）。

②

ターイ!
(行きたい)
バイバーイ
おかえり

正しいことばの使い方

●**分析**　出来事イメージを身体で再現しながら確認し、そういった行動に伴って、行動に合致したことばが発せられます。「出来事イメージにことばがついていく」ようでもあり、「ことばに合致した出来事イメージ」が子ども達の中に出来上がりつつあるようにも思われます。

3．生活知識の一般化とテーマの共有
（2歳半〜7歳）

1）「ことば」で表現される知識

２歳半を過ぎた頃から、子ども達のコミュニケーションの中心は会話に移行していきます。そして、身振りや動作で補いながら再現していた生活知識の内容を、「ことば」で説明し始めます。

例えば「お出かけごっこ」では、動作として、「本物の帽子をかぶり、バッグを持ち、『まーす』と手を振っていた」のですが、「お出かけはね、帽子かぶって、バッグ持って、バイバイするの」とその動作で表現していた部分を、ことばに置き換えていきます。

「〜をして」、「〜をして」と羅列的であった表現は、ことばに慣れていくにつれ「〜だからね」と理由を説明し、「〜に、〜を」と助詞や接続詞を使い、出来事の関係性もことばで説明し始めます。

●分析　ことばで説明するためには、「こんな感じ」だった「出来事イメージ」を、「〜をして、〜をすることなのだ」と頭の中で明確化する必要があり、「正しくはどうだったのか」と捉え直すことが求められます。「どのようなことばで話すことが適切か」を考える中で「生活の知識」は、ことばで表現されうる、ゆるぎのない「知識」となっていくように感じます。

••••••••••••••••••••••••••••••••••••

2）話したいことを伝えるために

３歳半を過ぎ、その日にあった出来事を思い出せるようになった子ども達は、「自分の経験」や「思い」を家に帰ってお母さんに話そうとします。話したい場面のイメージが頭に浮かび、「Ａちゃんが、〜をしたの」と印象深い１場面の話はできても、その場面が全体としてどのように進行し、その中でどのようなやり取りがなされたのか、といったことまでをことばで伝えるのは難しいようです。

お花
きれい≠Aちゃん
ドボン??
ドボン
お花きれいでね
Aちゃん、ドボン
しちゃったの

お母さん、わかって!!

「言いたいこと」と「使えることば」との間で悩み、「でも、伝えたい」という思いが強くなった時、「では、どうしたら伝えられるのか」を子どもなりに考え、「時間を追って」、「筋道を立てて」話す努力をするようです。また、助詞や接続詞を使うことで、意図が伝わりやすくなることを知り、積極的に使い始めます。前頁のイラストで示されるように、「あのね、川でね、お花がきれいで、Aちゃん、落ちたの、お花をとったの、とれなかったの（川へ散歩に行ったら花が咲いていて、それを取ろうとしてAちゃんが川に落ちたの）」と場面を思い出し、相手にわかるように伝える努力をすることで、「ことば」で情報を伝えることの難しさを経験します。そしてまた、「Aちゃんが花を取ろうとして川に落ちた」ことが伝わり、お母さんと笑い合えた時、「伝わることの喜び」と「気持ちを伝えられることばの力」を実感することでしょう。

●**分析**　「伝えたい」、「わかって欲しい」という強い思いが、「伝えられない」現状を変える原動力となり、「どう話せばわかってもらえるか」を考える機会となるように思います。つなぎ合わせたものであっても自分のことばで伝え、意図が通じた時の子ども達の表情は格別であり、「ことばで通じ合う」ことの喜びを満喫しているようにも見えます。

3）出来事の想起

４歳を過ぎた頃から次頁の４コマのイラストのように、子ども達は今日の出来事をことばで説明し始めます。「今日ね、私ね、お弁当を食べてね、バスに乗ってね、川へ行ってね……、あ、違う、バスに乗ってからお弁当を食べたんだった……」とその日に起こったことを思い浮かべ、順を追って話そうとします。

最初はイラストのように思い出すままに話しますが、大人が「どうやって行ったのかな？」と促し、また本人が話す中で気づいていくことで、時間軸に沿って話すことが可能となります。

出来事を思い出すことを、「想起」と言います。「〜をして、〜をした」といった出来事の場面を想起することで、その場面は本人の経験として記憶されます。繰り返される経験は、意識されなくても何らかのエピソードを伴うため記憶しやすく知識となりやすいのですが、数少ない出来事や時間的に長い出来事の記憶は、すでに終わった出来事を想起し、ことばをつけて再確認する必要があります。

ところで、この時期の子どもは「〜君が私をぶった」といった自分になされた不条理はよく訴えますが、「私が〜をしたから」と自分の側の非を話すことはまず見られません。実際の場面でも、自分に都合のよいように出来事を理解し、そう信じて記憶していくように思われます。

遠足
どこいった?
おべんとう
たべて・・・
おべんとうたべて
川いって
バスのったよ
どうやって
いったのかな
バスに乗って〜
あっそうだ
バスに乗って
お弁当を食べて
川に行ったよ
うん、うん
楽しかったね

ちゃんと言えるよ

下の絵は、この頃の子ども達が描いたものです。子ども達は、自分の身近な世界を足がかりに、多くのことを自分の知識としていきます。この絵が教えてくれるように、子ども達の見ている世界は、大人の世界とは異なるもののようです。

●**分析**　「あのね、あのね」と説明することを通して、視覚的な場面を想起し、ことばに置き換えながら話します。ことばの力を借りて、長い出来事を時間的な順序を追って、正確に思い出す練習をしているようにも感じられます。

Ricci, 1885
Levinstein, 1905
Di Leo, 1970
Di Leo, 1975

J・H・ディ・レオ著　白川佳代子・石川元訳（1999）絵にみる子どもの発達　誠信書房　P144、146、148より

4）「ことば」から「テーマの共有」へ

５歳を過ぎた頃から子ども達は、友達と「共通したテーマ」での「身体を通した遊び」ができるようになります。

Happy Birthday

お誕生日会の絵

上のイラストのような、「お誕生日会ごっこ」、「お医者さんごっこ」といったよく知られていて、ある程度決まった内容（誕生日会のケーキ、お医者さんごっこの登場人物等）を含むテーマを選ぶことが多いようです。このテーマに対して個々のもつ生活の知識を提案し、突き合わせる作業を通して、自分の思い描く「○○ごっこの内容」を、「一般的な、社会的に正しい内容」に修正していきます。

右のイラストのように、「うちではお赤飯を炊くけれど、他の家では炊かないらしい」、「うちではお誕生日会はレストランに行くけれど、お家でケーキを食べるのが普通なんだ」と「お誕生日会の知識」を現実（自分の実際の体験）と切り離し、次頁のイラスト①～③で示されるように、「知識としてのことば、『お誕生日会ごっことは、～すること』」と理解していきます。そして最終的には「お誕生日会はね、ろうそくを吹いて、ケーキを食べて…」とことばで確認していきます。

この時に出来上がる正しいやり方は、保育園や幼稚園など、あくまでもその子どもが所属する集団の中での正しさに過ぎず、真の知識（お誕生日会の正しいやり方）ではありませんが、子どもにとっては皆と遊ぶための確固たる知識です。

お赤飯
みんなで誕生会しようか
プレゼント
ケーキ
あ、そうか うちだけかー
お赤飯はないよー!
えー

「正しいお誕生日会」

①

そうね
パーティしてる
そうそう
ハッピーバースデイトゥーユーうたう
ちょっと違うかな
寝ないとね、サンタさんがプレゼントくれないのよ

何となくわかっているけれど、まだあいまいなところがあります。

お誕生日会の絵を見て－３歳の子ども－

②

そうね
「おめでとう!」って、いってる
そうそう
プレゼントあげるお祝いしている
お誕生日会はね歌をうたってからプレゼント、それからごちそうをたべるのよ

大体の流れはことばで言えるようになります。

－４歳の子ども－

③

準備として行うこと
・かざりつけ
・プレゼント
当日行うこと
・ケーキを食べる
・歌をうたう
お誕生日会として必ず行うべきこと
・ろうそくを吹く
・プレゼントを渡す
・ケーキを食べる
・歌をうたう
その時々で自由にきめてよいこと
・写真
・ごちそう
・あそぶ

お誕生日会の流れを一人で言うことができます。

－６歳の子ども－

●**分析**　子ども達は、「お誕生日会」、「お医者さんごっこ」が表す内容を、友達と一緒に再現することを通して、多くの人との共通理解が可能な内容として捉え直し、ことばで説明できるような新しい形を作り上げていきます。

5）幼児期のもつ意味

集団で遊ぶためには自分の意見を相手にわかるように伝え、他の人の意見を受け入れながら新しい考えを作り出していく必要があります。それは子ども達にとっては容易ではないようで、「普通はね」、「～が正しいんだよ」と幼稚園や保育園の子ども達が、「正しいことばの使い方」、「正しいやり方」をめぐり、涙を流してけんかをする場面はよく見受けられます。

「みんなと遊びたいから」、「知らないと恥ずかしいから」とその動機は様々でしょうが、「集団の考えを優先させるべきであること」を子ども達は理解し始めます。それでも、「ぼくの生活こそ正しいのだ」と信じたい気持ちは譲れない、という葛藤があるのでしょう。口論を通して「自分と人とでは違う考えをもっていること」、「異なる生活スタイルがあること」を知り、「考えをことばで説明し、受け入れてもらう工夫と努力」、「相手のことばを聞き、相手の思い描いていることを自分も思い描き、相手の言い分を理解しようとイメージする力」など、多くのことを子ども達は学びます。

けんかや口論に対する保護者の過剰な懸念が後押しするのでしょうか、大人の側が「どっちも正しいわね、もういいんじゃない」と安易にけんかを終了させたり、仲よくすることを強要させたりする風潮があるように感じます。

岡本夏木氏は著書「幼児期」の中で、人の発達における幼児期のもつ重要性を指摘しています。集団の中で、みんなと楽しく過ごすために強いられる、「相手の考えを理解し、自分の考えを相手の立場から客観的に見つめ直すこと」は、これまでの知識や情報の捉え方とは異なるものであり、この時期の集団生活、集団遊びは、最終的には自分の気持ちを抑え、集団の一員としての知識や決まりを受け入れざるを得ないことを学習する最初の場です。相手も自分と同じように苦しみ、歩み寄ろうとしている存在であることを理解することで、下のイラストで示されるように、公平であるべき「規則」や「ルール」のもつ重みを体感し、「正しいもの」を作り上げようという気持ちに子どもを向かわせていきます。

学校教育では、「生活」と切り離した「知識のための知識」の習得が要請されます。多くの子ども達は、高等学校を卒業するまでの12年間にわたる長い期間、莫大な量の、複雑な内容の新しい知識を覚え、理解し続けることになります。

現実（自分の実際の体験）から切り離された、「みんなの知っている知識」を潔く受け入れるにあたって、大人に対して、または子ども同士で相手の考えを受け止め、自分の思いや考えを真正面からぶつけながらも、「正しい在り方を見つけること」の必要性に気づかされていく幼児期は、大変重要な意味をもつように感じます。

にげろー
それー
「5」まで
数えてね
ちゃんと
数えて
ダメだよ
もー
A君はー
1、2、3
ま、いっかー
いくよー

ちゃんと守って!!

資料１　出来事記憶からテーマの共有まで

ここでは、「ケーキ」を例に、子ども達がことばを理解するまでを概観します。

ケーキを食べた時に抱いた、「白いな、甘いな…」といった感情は、「ケーキ」を前にすると湧き上がります。１歳を過ぎ、それを「ケーキ」と覚え、「ケーキ」と聞くとその気持ちが思い出されます。１歳半位の子どもは、人形を使うなどして食べる場面を再現し、２歳半を過ぎるとことばで「ケーキ」を説明します。４歳を過ぎると「ケーキ」を遊びの中で使いこなし、６歳では「ケーキ」がどのように使われるかを説明します。

このように、「ケーキ」の捉え直しを何度も行うことで、再現できる、伝えられる、使いこなせる、「確かなことば」としていくようです。

10カ月

出来事記憶から出来事イメージを作り上げる

例）ケーキを食べた時に、ケーキは「白い」、「甘い」、「フワフワ」、「おいしい」というイメージを作る。

→

実物を見ると出来事イメージが浮かぶ（出来事イメージに名前がつき生活の知識となる）

例）実物のケーキを見て、ケーキは「白い」、「甘い」、「フワフワ」、「おいしい」と思い出す。

おいしいなー
甘いなー
フワフワだなー
あの白いのだ!
おいしかったなー
甘かったなー
フワフワだったなー
食べたいなー

1歳

名称を聞くと出来事イメージが思い浮かぶ

例）「ケーキ」とことばで言われると、ケーキは「白い」、「甘い」、「フワフワ」、「おいしい」と思い出す。

ケーキ
食べる？
あの白くって
おいしいの
甘いの
フワフワの

1歳半過ぎ

出来事イメージを再現する

例）ケーキのおもちゃを人形に食べさせるふりをしながら、人形に「白いケーキ、おいしいね、甘いね」と話しかける。

この白いケーキ
おいしいねー
甘いよー
フワフワ？

2歳半過ぎ

知識をことばで説明し、話す

例）「ケーキって何？」と聞かれると、「おいしいの。甘くて白くてイチゴがのってる」と説明する。

ケーキって
なーんだ…
あのね
おいしいのよ
それから、甘くて
フワフワなの
白くって
イチゴが
乗ってるのよ

4歳過ぎ

知識が組み合わされてテーマになり、そのテーマを再現する

例）お誕生日会ごっこの内容「飾りつけをして、歌をうたい、ケーキのろうそくを吹くまねをして、プレゼントをあげて、ケーキを食べる」を友達と楽しみながら行う。

誕生日会は
楽しいな！
これは
あの甘くって
フワフワの
ケーキ…
のつもり…
さ、ケーキ
食べましょ！

6歳過ぎ

テーマに沿ってことばで話す

例）お誕生日会とは、「ケーキを買ってきて、ろうそくを立てて、『ハッピーバースデー』を歌い、ろうそくを消し、プレゼントをあげて、ケーキを食べる」と説明する。

お誕生日会はね
ケーキを買ってきて
ろうそくを立てて
歌を歌って
フーって消して
プレゼントをあげて
ケーキを
食べることです

第2章

理解につながる知識の構築と思考の道具の獲得

７歳位までに、子ども達は生活を通して得てきた知識を本人なりに整理し、次頁のイラストにあるような知識を整理したマップ（ここでは「生活の知識マップ」と呼びます）を作り上げます。この生活の知識マップを手がかりに多くの新しい知識を受け入れ、より精緻な生活の知識マップを作り上げていきます。学校教育では個人の知識の量をテスト等で推し量っていきます。質問に対する反応性の速さと正確さにより知識の量を比べようとする、クイズ番組のような知識の使い方もありますが、本来であれば知識とは理解を助け、思考する時の情報源であり、また道具となるため、数多くの正確で活用可能な知識が求められます。そして、その知識を使用して「思考する力（思考力）」を高めていきます。

教育心理学者であるヴィゴツキーは「思考というのは、困難な場面に直面する時にはじめて高次化する」と述べています。彼の考えに照らすと、「思考を高めるため」には、「私は今〜をしたい、でもできない」といった場面に直面する必要があります。

私は、そうした困難な場面に直面した時に「では、どうすればよいのか、何が適切なのか、何が正しいのか」といったことについて既存の知識を駆使し、また新しい知識を取り入れて試行錯誤しながら解決策を見出そうとする過程において、思考は高まるように思います。

思考するためには、「冷静さ」と「論理性（筋道を立てて考えること）」が要求されますが、困難に直面した時に、この２つを保つことは容易なことではありません。

思考の広さや深さには個人差が見られますが、それでも子ども達の発達を概観すると、思考の質的な転換期となる時期があり、また、理解や思考を支える機会や内容があるように思います。

ここでは、子ども達が知識を蓄え、その知識を道具に思考を高めていく様相について、発達を概観しながら考えていこうと思います。

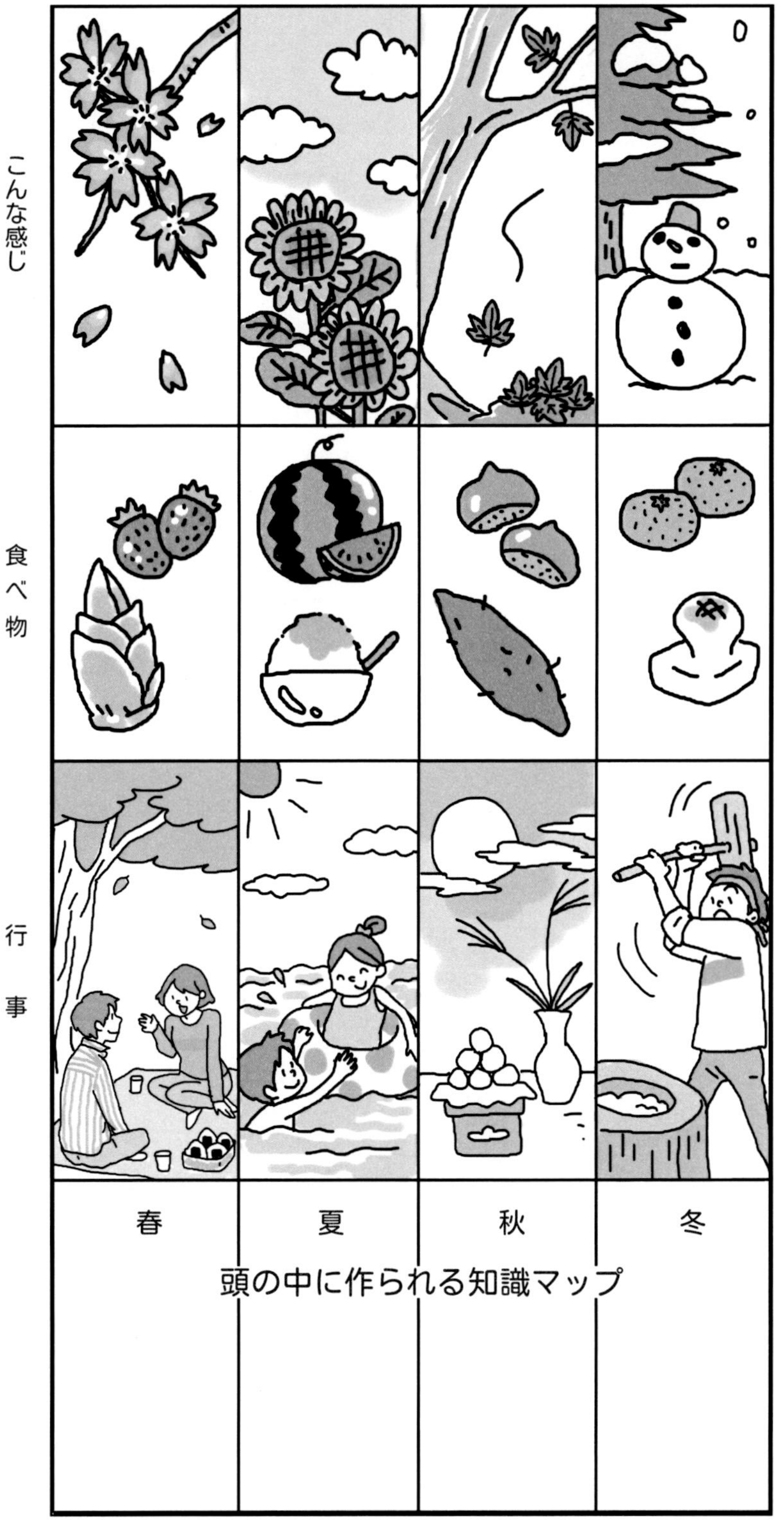
こんな感じ
食べ物
行事
春
夏
秋
冬
頭の中に作られる知識マップ

生活の知識マップ

1.「生活の知識マップ」の構築と抽象的な思考の始まり（7歳～12歳）

1）知識と理解

新しいことを学ぶ時は、「知っていること」と「知らないこと」を重ね合わせて理解します。自分の中にある「知識マップ」と照らし合わせ、新しいことの一部分でも「知識マップ」のどこかに当てはまり、本人なりにその知識について納得できた時が、「理解した」ことになります。ですから、「知識マップに含まれる内容が多く（緻密で）、分類項目が明確で細かく区切れているものであればある程、「わかった」という感覚は得やすくなります。

例えば、下のイラストのように、「白鳥は冬になるとロシアから飛んできます」という内容を覚えるとします。「知っていること」は、「白鳥は綺麗な白い鳥である。冬は寒い。ロシアは国の名前である」です。「新しいこと」は、「白鳥は寒い所にいる。白鳥は、冬は日本の湖にいる。ロシアは寒い所で、冬になるとひど

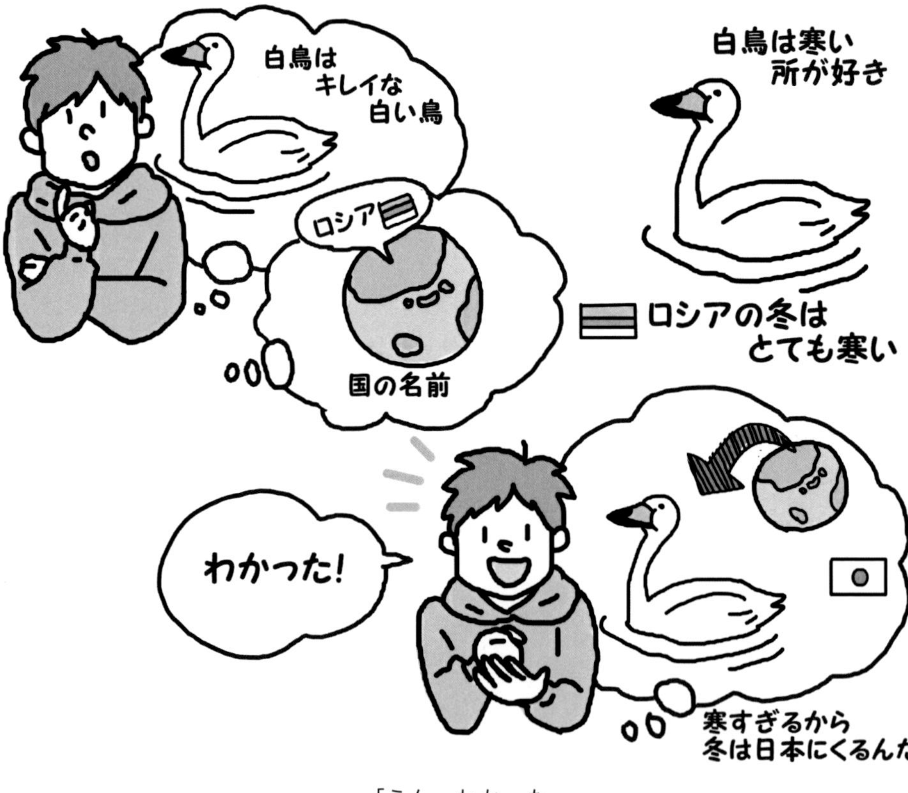

白鳥は
キレイな
白い鳥
ロシア
国の名前
白鳥は寒い
所が好き
ロシアの冬は
とても寒い
わかった!
寒すぎるから
冬は日本にくるんだ!!

「うん、わかった」

く寒い」です。

この２つを重ね合わせると、「綺麗な白い鳥である白鳥は、寒い所にいる。ロシアは寒い国だが寒い所が好きな白鳥には春と夏と秋は住みやすい。でも、冬はあまりにも寒い。そのため、少し暖かい日本の冬にやってくる」とわかってきます。そして、自分の中で説明がつき、白鳥が冬にロシアから飛んでくるイメージが浮かぶようになると、「ああそうか、わかった」という気持ちになります。

また、下のイラストのように、ある程度説明がついたり、自分なりのイメージに置き換えたりできると、「わかった」、「理解できた」と感じられます。「なぜ白鳥は寒い所にいるのか」、「ロシアがどこにあるのか」、わからないことはありますが、そうであったとしても「こういうものだ」と理解した気持ちにはなれます。このように「わかった」という気持ちになった時、それは新しい知識となり、次の知識を受け入れる材料となります。

●**分析**　「何がわかり、何がわからないのか」を知るためには、新しい知識を本人の「知識マップ」と照らし合わせ、「わかること、わからないこと」を判断していきます。

「わかること」と「わからないこと」を重ね合わせ、本人なりに納得した気持ちになり、説明がついたり、自分なりのイメージに置き換えたりできることが、「理解した」ということです。

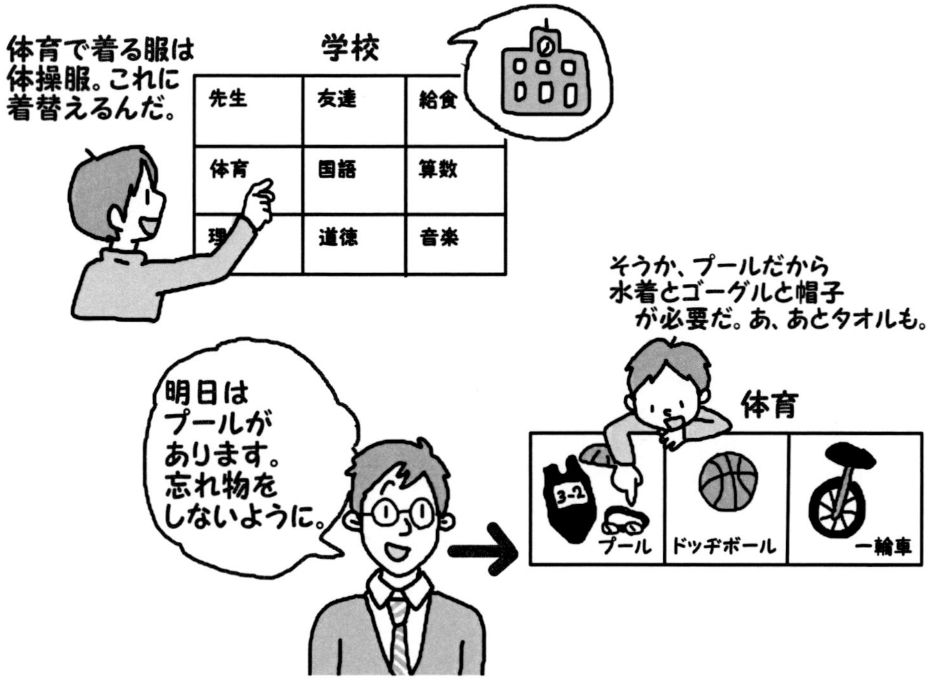

体育で着る服は
体操服。これに
着替えるんだ。
学校
先生
友達
給食
体育
国語
算数
理
道徳
音楽
明日は
プールが
あります。
忘れ物を
しないように。
そうか、プールだから
水着とゴーグルと帽子
が必要だ。あ、あとタオルも。
体育
3-2
プール
ドッヂボール
一輪車

「うん、そうだった」

2)「生活の知識マップ」作り

下のイラストのように、理解を助ける「知識マップ」の最初の形、「身近な生活に関する知識マップ」は、小学校１～３年生位の間にできあがるように思います。

また、次頁のイラストに示されるように、「生活の知識マップ」は、「縦の知識」と「横の知識」を軸にしてできています。

「縦の知識」は「朝・昼・夜」、「春・夏・秋・冬」、「昨日・今日・明日」といった時系列に沿った知識です。

「横の知識」は「食べる物」、「着る物」、「公園にある物」といった「～の仲間(これをカテゴリーと言います)」にあたる知識です。

子ども達は自分の生活経験と身近な人から教わることや、テレビや絵本の中で興味がある内容等を手がかりに知識を獲得し、それを「縦の知識」、「横の知識」に当てはめながら整理し、まずは生活を基盤とした「生活の知識マップ」を作っていきます。

このマップは、必ずしも本当のことである必要はありません。例えば、「プールは夏に入ります」、「みかんは冬の食べ

ぼくの生活

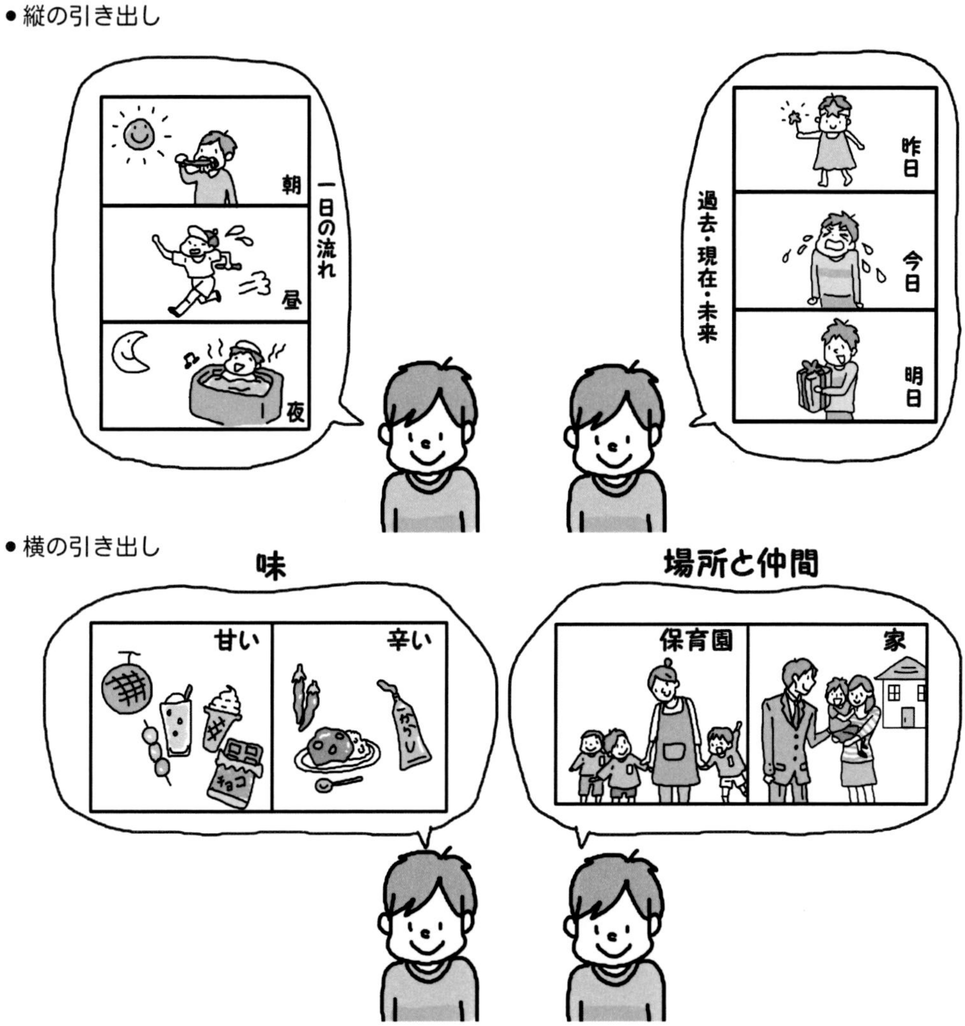

縦の引き出し、横の引き出し

物です」といった知識が、現実と異なることは数多くあります。

そのことに子ども達は気づいていますが、「物事を考える時は、この『知識マップ』にあてはめて考えなくてはならない」と納得していくようです。

●分析　「生活の知識マップ」は、時間的な系列をもつ「縦の軸」と、分類にあたる「横の軸」で構成されます。最初の「知識マップ」は、「身近な生活に関する知識マップ」であり、子ども達が多くの知識を理解する時にあてはめていく資料となるものです。

ここから先は、知識の記憶である「意味記憶」と、本人の経験に基づく「エピソード記憶」を中心に、本人の知識の受け皿となる「真の知識マップ」とも言えるものの構築へと移行していきます。

3）文字と数の獲得

遊びが中心の楽しい幼児時代を終え、小学校に入学すると子ども達の生活は大きく変わります。一日の大半を机に向かい、一緒に生活をしたことのない多くの友人と共に長い時間を規則正しく過ごすことに慣れる必要があります。平仮名、九九、漢字と学ぶことはたくさんあります。ただし、小学校高学年に至るまでに学ぶ内容の多くは、身体を通して、手指を通して一定の手続きを繰り返すことで達成可能であり、子ども達にとっては見通しがもちやすいものです。

「文字言語」や「数」の獲得は単なる知識の獲得ではなく、子ども達の「理解」や「思考」の道具の獲得であり、学習する過程そのものが思考を高めていく過程でもあります。

小説や偉人伝を読むことで、これまで用いていた「話しことば」ではなく、「文字言語」を通して「文字」を「自分のことば」に置き換え、既存の知識と照らし合わせながら「視覚的なイメージ」に変換することができます。「ハリー・ポッター」が多くの人に好まれるように、未知の世界に胸を躍らせ、遠い過去の出来事に思いを巡らせることができます。会うことのないだろう人の考え方や生き様に触れることも可能となります。

「文章を書く」ことは、自分の思いや考えを明確化し、合致する「ことば」を当てはめ、さらに多くの人が読んでわかるように、他の人の立場から文章を読み直していく作業です。字に表すことで自分の考えたことを視覚的に見直せるため、自分の本当の思いや考えに気づかされることもあります。

「数」の獲得は、指や具体物では到底作りあげられないであろう多くの、そして複雑な操作を可能とします。九九や四則計算は繰り返しの練習を必要としますが、習熟するにつれ速度が速まり、明確に結果が得られるため、子ども達の多くは楽しみながら習得していきます。

繰り返しの練習が必要

●分析　平仮名や漢字を書き、計算を練習することの重要性が再認識されています。子ども達が物事を深く考え、新しいものを作り上げられるようになるためには、まずは道具としての「文字」や「数」を使いこなす練習が必要です。

4）「知識」獲得への希求

最初のうちは獲得することに追われ、学ばされていた感のある様々な知識ですが、ある程度蓄積され、自分なりに整理されると、子ども達の側から、「全体を知りたい」、「難しいことを知りたい」、「人の知らないことを知りたい」といった、いわゆる知的好奇心が湧いてくるようです。

日本で
一番長い川
知ってる?
それよりさ、
さそり座は
どの季節の星座か?

「ねえ、知ってる？」

イラストのように、「日本で一番長い川は何だか知ってる？」、「さそり座はどの季節の星座か？」とお互いの知識をことばに出して披露し合い、相手がわからないと満足感を味わったり、新しい知識を得ようと家でこっそり調べたり、といったことを行います。

現実のものとして何かを得るためというわけではなく、知識を知識として学び、楽しむ喜びは、この時期から始まるようです。

●**分析**　人生の中で最も記憶力がよい時でもあり、水が土に染みこむように多くのことを受け入れることのできるこの時期に覚えた内容は、生涯にわたってその人の「知識」として活用されます。

5）「読解」と「数式」

小学校も高学年になると学校生活には余裕が見られてきますが、学校の勉強は格段に難しくなります。国語で行われる「長文の読解」では、「生まれたばかりの子犬がもらわれていきます」といった悲しい場面にいる主人公の気持ちを想像し、「自分だったらそうした時にどんな気持ちになるか」を考える必要があります。自分の経験した悲しい場面を思い出し、主人公の感情を、そういった時の自分の気持ちに置き換えて理解していくように思います。「今の自分は悲しくない」という現実を理解した上で、登場人物の気持ちになって考えることは小学生には困難を伴いますが、「どんな気持ちだろう」と現実の自分から離れ、他の人の立場になって思いを巡らせることを学ぶ最初の機会となります。

「数式」は多くの子ども達が苦手な内容です。「20個のリンゴがあります。２人に３個ずつ、４人に２個ずつ配りました。残りは何個ですか？」といった問題を数式に直して解くことは容易ではありません。次頁の計算のイラストのように、現実にはないリンゴとそれを配る姿をイメージし、どういったことが行われるかを思い浮かべた後で、当てはまる式を説明可能なように考える必要があります。

「読解」や「数式」では、これまでの知識の重ね合わせや、一定の手続きに従って解いていく方法は通用しません。現実と離れた、文字による文脈に従って人の気持ちをイメージしたり、数式を視覚的な場面に置き換えたりする力が、必要となります。

筋道を立てて考える力も要求されます。長文の読解では、文章の中から起承転結と言われる、「～が～をしたから～になった」と読み解いていく必要があります。「数式」はさらに難しく、全体像を思い浮かべ、「～を得るためには～をしなければならない」と結果から方法を見出すことが要請されます。

小学校５、６年生で提案される「長文の読解」と「数式」の習得には、個人差が見られます。獲得が容易ではない内容ではありますが、こういった「読解」や「数式」を通して、「文脈に沿って全体像をイメージし、思考錯誤しながら筋道を立てて考える」といった思考の本質を学んでいくように思います。

●分析　現実にない場面を文脈に沿ってイメージすること、説明可能なように論理的に考えることは、思考の高次化とも言うべき内容です。この時期から子ども達の学習の中心は、記憶を基礎とした知識の獲得だけではなく、知識を理解し論理的に思考することから得られる知識の獲得や、本人の興味・関心を満たすための知識の獲得等へと変わっていくように思います。

× 20
2×3
4×2
20−2×3−4×2=6
20−(2×3+4×2)=6
答え、6コ
残りは何コ？

6）ことばでのやり取りと、ことばによる行動の制御

中学生になると、子ども達は子ども達だけの世界を作り上げるようになります。この時期のコミュニケーションは「ことば」でのやり取りが中心となります。

それまでは、遊びを通して、身体を動かしながら、思いのままに「ことば」を話していた子ども達ですが、集団全体のことばに対する感度とも言うべき反応性が高まるにつれ、ことばのもつ効力や、ことばが相手に与える影響の大きさを理解させられます。

「明日○○に行こうか」、「一緒にご飯を食べよう」といった約束をすると、約束を簡単に破ることはできず、ことばが行動を統制するようになります。下の２つのイラストのように、「かわいいね」、「ちょっと派手かな」と無意識に発したことばが、相手との絆を深めたり、相手の心を傷つけたりします。その集団にそぐわないとされる発言をすると、「ありえない」、「何、それ」と言われ、疎外感を味わい、集団にいられなくなる可能性もあります。自分の居場所を同世代の集団の中に求める時期にある子ども達にとって、それは耐え難いことでしょう。

また、「親しい人の中でのことば」、「自分と距離のある人へのことば」のように、話す相手によって、口調や言葉遣い、内容を変えて話すようになっていきます。

次頁のイラストのように、仲間集団の中で思いついたことをのびのびと話し、共感し合えるという「ことばを通して人

かわいいね、その服
え、そんな。ウフッうれしい!!
「かわいいね」

ちょっと～ハデじゃないー
え、アハッ（そんなこと言わなくても…ヒドイ!）
うーんと、ちょっとね

PTA会長の子どもと仲が良いよね
ウンウン
○○先生いばってるよね
いい気になってるよなー

「○○ってさー」

とつながる楽しさ」を味わいながらも、話す前にその効果を予想し、関係性や場面に応じて話し方や内容を選択しなければならない「場面に応じてことばを適切に使うことの難しさ」を知り、「楽しくも難しいことばの両側面」を感じ取っていく時期と言えるでしょう。

ただしこういった、「親しい集団に所属していたい」、「皆に嫌われたくない」といった集団への帰属意識だけが「ことば」の理解を深める手段ではありません。例えば本を読むことによって、または世代の異なる人とのやり取りを通じて、「ことば」について考えを深めていく子ども達もいるように思います。

●分析　ことばには力があります。身体を使う以上に人や物を動かし、自分の行動をもコントロールするものであることを、子ども達は集団でのやり取りや活動を通して学びます。そして相手の気持ちや自分にもたらされる影響等、結果を予想してから話すようになっていきます。

「自分の発言は他の人にどのように受け取られるか」といった、「相手から見た自分」という客観的な思考がこの時期から育ち始めます。

7）自分像と将来像

中学生も半ばを過ぎると、「私は他の人からどのように見られているのか」ということに子ども達の関心は向けられます。「私ってさあ」ということばが頻繁に聞かれるようになり、そういった発言をした時の仲間の反応から、「他の人から見る自分像」を描き出そうとしているようにも感じられます。

小学生の時の将来像とこの時期の将来像は明らかに異なります。小学生の将来像は、能力や環境に影響されることのない本人の希望や夢が反映したものです。

中学生の将来像は、知識が増えることもあり、自分の潜在能力を信じたいという「夢」の部分を残しながらも、自分なりに描く「自分像」を照らし合わせて決定されます。

ただしこの時期の、「自分は人にどう見られているか」という関心は、親しい集団の中での「自分」であり、自分と距離のある人が自分をどう見るかということにはほとんど頓着していないように感じられます。

「親に反抗する」、「親の言うことに耳を傾けない」といった悩みがよく聞かれますが、この時期は「ことば」でのやり取りを通し、同年代の人のもつ感情や意図に気づき始めて間もない頃です。自分とことばを交わしあう仲間達との関係を保つことに精一杯であり、「大人」の感情や意図を推し量り、理解するだけの受け皿のようなものが育っていないため、「大人の考えていることはわからない」というのが正直なところでしょう。わからないからこそ大人に対して無関心を装っているようにも思います。

親しい集団の中で

●分析　「ことばでのやり取り」を行う中で、相手の考えや思いが理解されます。そういったことばのもつ効力に気付き始め、親しい集団とのやり取りを通して、「他の人から見る自分像」に関心が向き始めていくようです。

大人とのやり取りの中で

8）知識と成績の価値

中学生の学習内容は必ずしも、小学生の延長にはなく、数学や英語といった新しい内容が始まります。入学当初は新しく使用されることばの理解と記憶に頼った知識の獲得が中心となるため、小学校の読解や数式に比して、むしろ学習しやすい内容です。とはいっても、必要とされる学習量は膨大になるため、記憶の弱さが見られる、または物事をゆっくりと理解していく子ども達にとっては大変厳しい日々となります。

実際のところは、中学生時代の成績と将来の職業や思考の程度は必ずしも一致しないものですが、高校の入試が控えていることもあり、子ども達と周囲の大人の価値観の中で「学校の成績の出来不出来」が占める割合は格段に高くなります。小学生時代は「おもしろい子ども」、「優しい子ども」、「運動が得意な子ども」、「リーダーシップがとれる子ども」と多くの価値観で子ども達は評価されてきました。中学生以降は、「勉強ができる子どもか否か」で子ども達が価値付けられてしまいがちです。

勉強ができる子どもは優越感を、成績の上がらない子どもは劣等感をもつようになり、それはそのまま個人の性格形成や生活態度へと影響を与えます。

経済や社会構造の変化から、成績の良さや出身大学のレベルでは人の能力が計れないこと、社会でその人らしく活躍するために身につけるべき力は学校の成績とは別のところにもあることが、少しずつは認識されてきています。それでも早期に多くの知識を身につけることが将来の約束につながるだろうと考える風潮は根強くあります。

社会的評価が高いとされる職に就くことがゴールではなく、就職は人生の新たなスタートであり、40年以上の期間にわたって仕事やその他のことを生き生きと行っていくためには、多くのことを学び続ける必要があります。学校教育で学ぶべき大切なことの1つは、その後の長い人生において好奇心を失わず学び続ける意欲や姿勢が保てるよう、知識に敬意を払い、理解することの楽しさを味わうことにほかならないでしょう。

●**分析**　人は一生学び、変わり続けること、興味・関心のもてない知識は将来使える知識にはならないこと、知識は増やすことが目的ではなくどのように使うかが大切であること、人は置かれた環境によって変わっていくこと、人として学ばなければならない知識があること、そういったことを子ども達に正しく伝えていくことが、私達大人の役割と言えるのではないでしょうか。

2．知識の獲得と思考の運用、自分像の理解
（12歳〜22歳）

1）中から見た自分と外から見た自分

中学生は同一地域の集団であり、小学校の延長上での友人作りであったのに対して、高校生活のスタートは、生活地域の異なる、初めて出会う人達との関係作りから始まります。すでに出来上がっていた中学生の時の「自分像」を変革し、「明るい人になろう」、「優しい人になろう」と「理想とする私像」に近づけて自分を紹介し、思い描いたように振る舞える機会でもあります。

アルバイトやクラブ活動を通し、接する人の年齢や背景も多様になります。初めて出会う人の発言や行動から、相手の自分への評価を推し量り、また、自分自身も相手の性格や自分との相性とも言えるものを理解し、付き合い方を調整する必要があります。

右のイラストのように、「自分の描く自分像」と「他の人が考えている自分像」を照らし合わせ、「理想とする自分」に近づける努力をするか、「多くの人が理解する自分」を受け入れるか、「新しい自分像」を生み出すか、そういった自分探しをする時期が思春期と言われるものです。自分自身の在り方に悩み、人との付き合い方に試行錯誤し、何に努力するかを考えるこの時期を経ることで、多くの人のもつ様々な感情や思いが理解されていくように思います。

●**分析**　思春期を迎え、子ども達は本格的な自分探しを始めます。「自分の描く自分像」と「外から見た自分像」をどのように一致させていくか、どのように在りたいか、そういったことに悩み、考えることで、子ども達の中に人の痛みを自分のものとして理解し、人の喜びを共に分かち合えるような豊かな感情が育っていくのでしょう。

明るい
怒りん坊？
ちょっと小さい
歌が上手
私って、私って〜！

私ってどんな人？

2）社会に出て行くために

社会に出るまでの間に子ども達は違う環境で育ち、世代も考え方も異なる人と共に過ごす力をもつことが求められます。特に、対価を得る労働にあたっては、それまでの学校生活での過ごし方とは異なり、その所属集団に合致した、社会人としての振る舞いが要請されます。

余計な摩擦や軋轢を回避し、気持ちよく仕事を行うためには、自分の振る舞いを外の人の立場から捉え直し、また、相手のことばや行動からその人の「意図」や「思い」を推測していかなくてはなりません。

必ずしも自分の意図通りに多くのことが進行するわけではなく、むしろ納得できないような要請が多いでしょう。そうであってもまずは受け入れ、相手の意図に沿って遂行しなければなりません。どのように説明すれば自分の考えが相手に理解されるのかを試行錯誤し、また、ことばが多少足りなくても相手の言わんとしていることをその文脈や場面から推測し理解していくといった、「客観性」と「予測性」を身につけることが必要とされます。

●分析　多くの人は自分のこれまで学んできた経験と知識を駆使し、その場その場で最も適切と考えられる自分の在り方を検討し、決定していくように思います。不特定多数の人と、ことばを通し、文字を通し、どのように付き合っていくか、それは私達が考え続けていかなくてはならない内容でもあります。

「相手から見た客観性」と相手の考えを推測する「予測性」を身につけることは容易ではありません。それでも自分の考えを正確に伝え、相手の伝えたい内容を正しく理解しようとする気持ちをもつこと、選択すべきことを選択しようと努力することが大切なように思います。

これ 捨てて来て
えっ…
何で私が 捨てなくちゃ いけないの？
あ、でも仕事を 教えてくれる人だし、 今は時間があるから ま、いいか

受け入れることが大事

3）知識と思考の重要性

社会に出れば困難な場面に出会うことは当然ですが、重要なことは、それをいかに克服し、理想とする方向にもっていくかということです。そして少なくとも短絡的に相手を攻撃したり、都合のよい方向に物事を捉え過ぎたりしないよう心掛けておく必要があるでしょう。

残念ながら、肩が触れただけで「相手が自分を攻撃したのだから自分も相手を攻撃してもよい」という理論のもとに暴力を振るったり、「これはみんなが好きなはずだから、きっと売れるだろう」と予想して事業に失敗したりということは珍しくありません。

多くの場合本人なりには筋道を立てて考えているようですが、十分な知識や正しい情報に基づく冷静な解釈、深い思考といった面での不足は否めません。少ない知識と自分勝手な解釈、短絡的な思考は本人にも周囲にも不幸な結果をもたらすことがあります。

●**分析**　人との関係に弱さが見られる子どもに対しては、社会に出る前に子どもと一対一で「会話の学習」、「思考の学習」をする機会を意図的に設定することが必要に感じます。

そして、仕事や家庭、友達、将来の夢といった多くの内容についてゆっくりと考える機会をもち、ことばでやり取りする中で、相手から思い込みを指摘されたり、違う見方が提案されたりすることで、人の気持ちの在りようや社会の中での自分の在り方への理解が進むように思います。

資料2はある子どもが就職して半年で職を失った時のストーリーです。ここで紹介されるＡさんのように、自己流の解釈で物事を捉え、仕事を続けられなくなる人は少なくないでしょう。

何らかの障害がある、人と関わることが苦手といった子どもの場合、他人とことばでやり取りをする機会は少なくなります。多くの人は、立場の異なる人とのことばでのやり取りや人からの指摘を通して、新しい考え方や見方に気付いていきます。むしろ、そういった機会をもたない限り広い視野に立った、深い思考を身につけることは、困難とも言えるでしょう。

資料3では、気付きを促すような「ことばでのやり取り」の様子を紹介します。当たり前に行っていることでも、問いかけられることで立ち止まってその意味を考え、気付いていくことは多いでしょう。そういったやり取りの重要性が広く認識されることを切望します。

資料2　Aさんの話　～なぜやめることになったの～

高校時代

私、パソコン
だいすき！
Aちゃん
すごいね！
ホントねー
ねえ、遊びに
行こうよ！
私、パソコン
勉強するから
がんばら
なくっちゃ！
B君も
がんばろうね！
ファイト!!
う、う…

コンピュータ会社への
入社決定!!
うれしいな!
大好きなパソコンが
たくさんできるわ!
採用通知
すごいわ
きっとできるわよ
きっとやれるわ!
まかせておいて
大丈夫よ
一年後
○○学校
すぐに来て下さい!
Aさんの就職した
コンピュータ会社から…
な、なにが
あったのかしら?
まさかAさんが?

会社へ行ってみたら・・・
Aさんが…
勝手に電源を切ったんです こっちは大損害です
すいません すいません よく言って聞かせます
採用
もうクビです 訴えたいくらいです
許すことは ありません!!
大体ですね、これまでも…
お客さんの希望と違うじゃないか
と言うと…
でも、こっちの方がわかりやすいので
と直そうとしないし…
期限は必ず守って下さい
と言うと…
時間をかけないといいものができないんです!
と言い返すし…

結局は他の人が替わりに仕事をしていたんですよ
職場の中でも
他の人と仲良くしようともしないしね
ある日
その挙《あ》げ句《く》あの事件ですよ
ホストコンピュータの電源を切ったのは誰ですか?
と問いかけた時は
平気な顔をして
私は知りません
とシラを切り

A
業者に聞いたら
Aさんのパソコンで切られています
ですよ
顧客情報
重要データ
わかりますか
大事なデータがなくなってしまったんですよ
損害賠償
×
○○学校の卒業生
しかも平気でウソをつく
もうそちらの学校の卒業生は願い下げです
教育
そもそも
○○学校ではどういう教育をなさっているんですか
仕事をすることについてきちんと指導されましたか…

Aさんの言い分
Aさん、
自分のしたこと
わかってる?
だってだって
パソコンが
上手で
一生懸命
仕事していたのに
私はがんばったの!
それなのに
仕事は減るし
何かすると
すぐ怒られて
しまう
言っても
わかってくれない…
お昼を誘っても
くれないし
何でみんな
私に優しく
してくれない
んだろう
そうだわ！！
私がパソコンが
上手だから、
いじわるするんだわ
私がおとなしい
から
かばってくれない
んだ…
そうに決まっている…

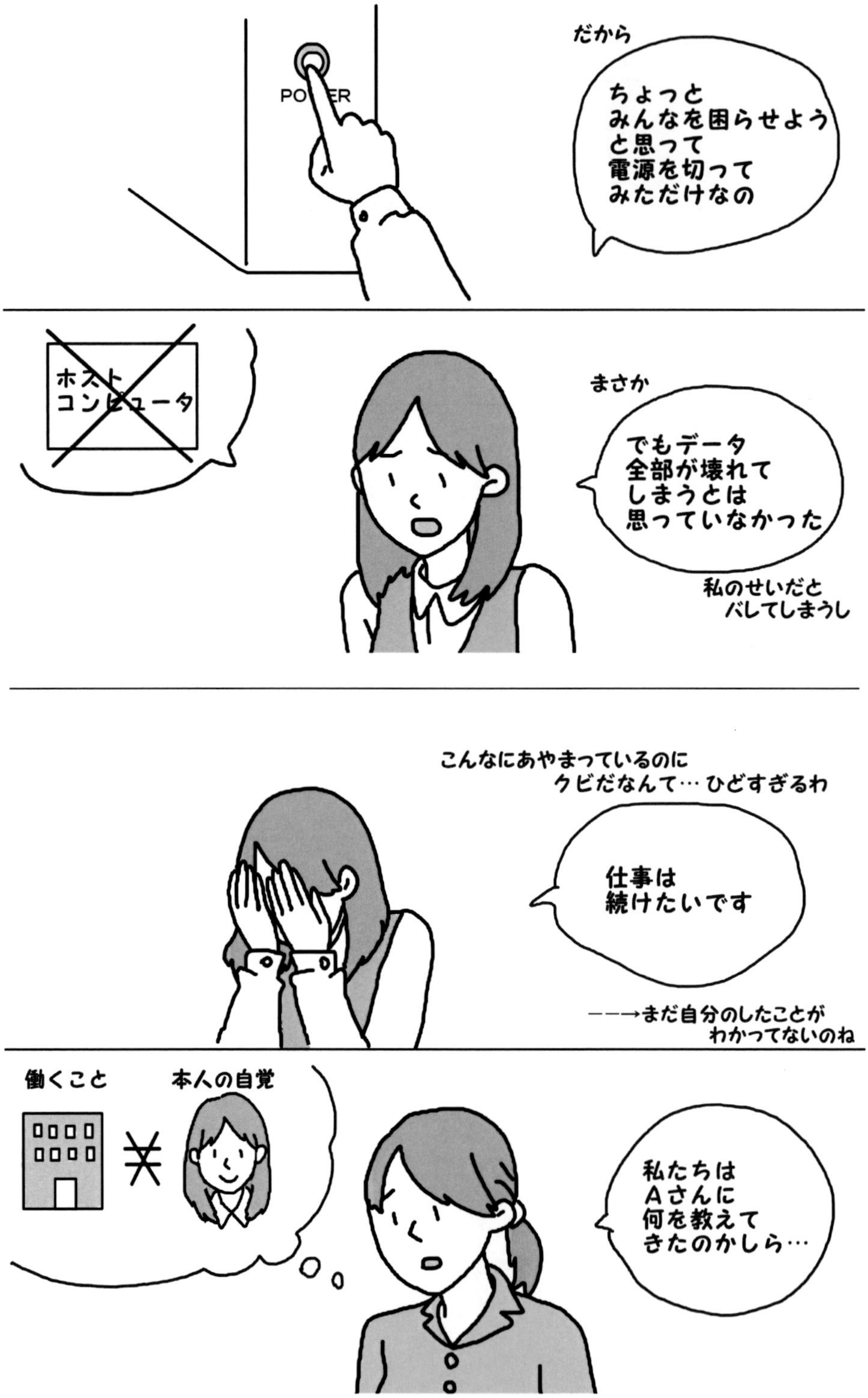
だから
ちょっと みんなを困らせよう と思って 電源を切って みただけなの
ホスト コンピュータ
まさか
でもデータ 全部が壊れて しまうとは 思っていなかった
私のせいだと バレてしまうし
こんなにあやまっているのに クビだなんて… ひどすぎるわ
仕事は 続けたいです
――→まだ自分のしたことが わかってないのね
働くこと
本人の自覚
私たちは Aさんに 何を教えて きたのかしら…

資料３　会話期前半の課題

ここで紹介する高等部１年のＢさんは、中学生の時に事故にあい、手足が不自由になりました。ことばの障害も見られ、１語ずつゆっくりと話します。陸上部の部長として活躍していた頃に比べると、活動範囲や交友関係は格段に狭まり、友達同士の会話の機会が著しく少なくなりました。

場面１は、ＢさんとＣ先生の会話場面です。Ｃ先生が何気なく問いかけた、「お母さん、どうして○○のコンサートに行ったの？」に対し、Ｂさんは、「お母さんが○○が好きだから」と答えていました。

献身的にＢさんを介護していたお母さんは、同世代の子ども達と同じ体験をさせたいと、Ｂさんを積極的に連れ出していました。Ｂさんは、そういったお母さんの介護を当たり前のように受け入れ、気に留めたこともないようです。

でも、場面２のように、「お母さんは、本当はどうしたかった？」、「何でお母さんは○○のコンサートに出かけたの？」と１つずつ問いかけていくと、「あ、私を楽しませたかったから、連れていってくれたんだわ」と自分で答えを出していました。

話すことに困難があったり、会話をする機会が乏しかったりする人に、周囲の事柄への自分本位の理解や、無頓着とも言える発言が見られることがあります。周囲のことを正しく理解し、自分の発言に対する本当の感情を思い描いたりするためには、人と話す機会をもつことがいかに重要かを物語っているように思います。

場面1　お母さんは○○が好きだからコンサートに行くの？

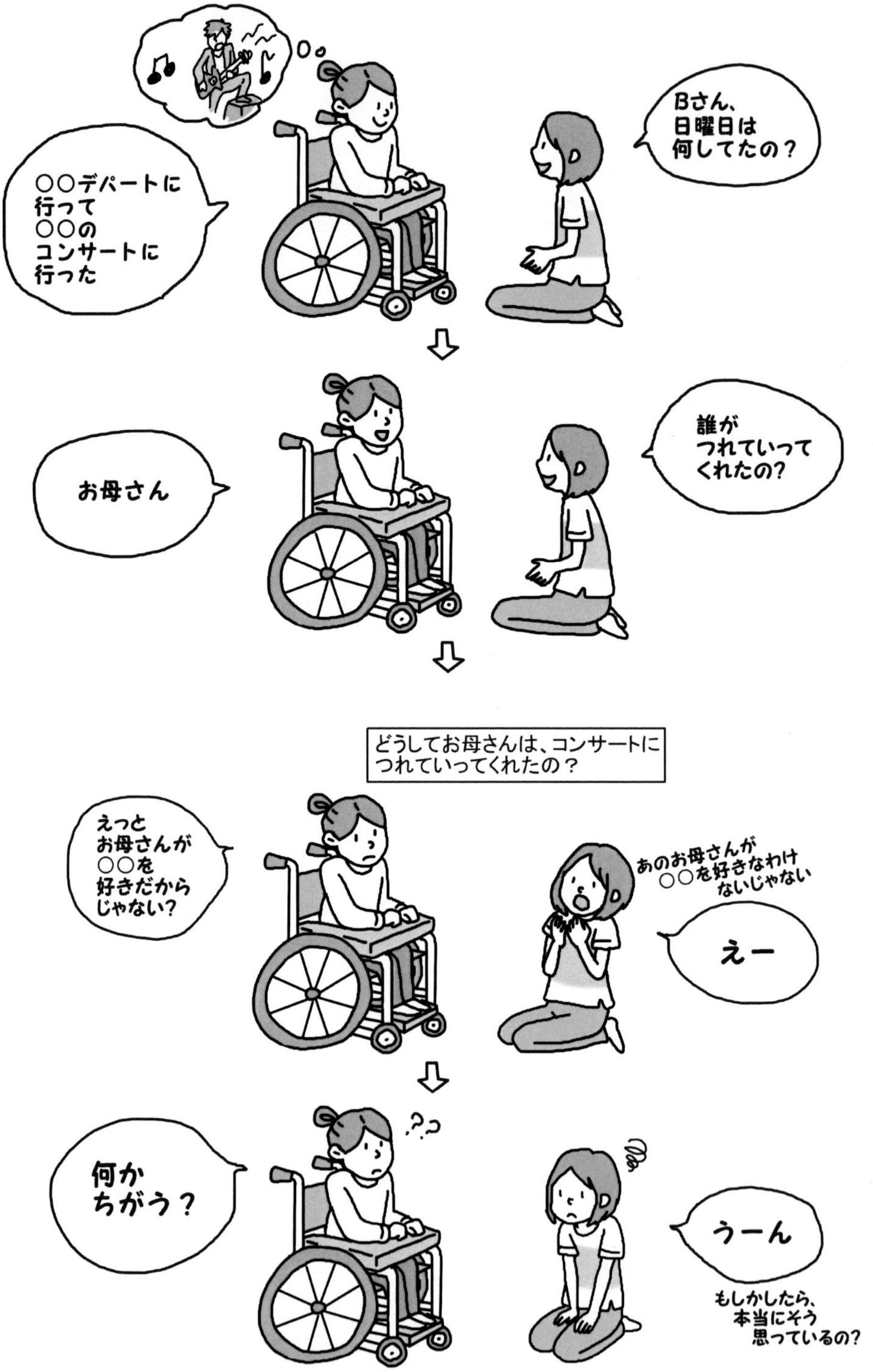
Bさん、日曜日は何してたの？
○○デパートに行って○○のコンサートに行った
誰がつれていってくれたの？
お母さん
どうしてお母さんは、コンサートにつれていってくれたの？
えっとお母さんが○○を好きだからじゃない？
あのお母さんが○○を好きなわけないじゃない
えー
何かちがう？
うーん
もしかしたら、本当にそう思っているの？

場面2　お母さんの本当の気持ちは？

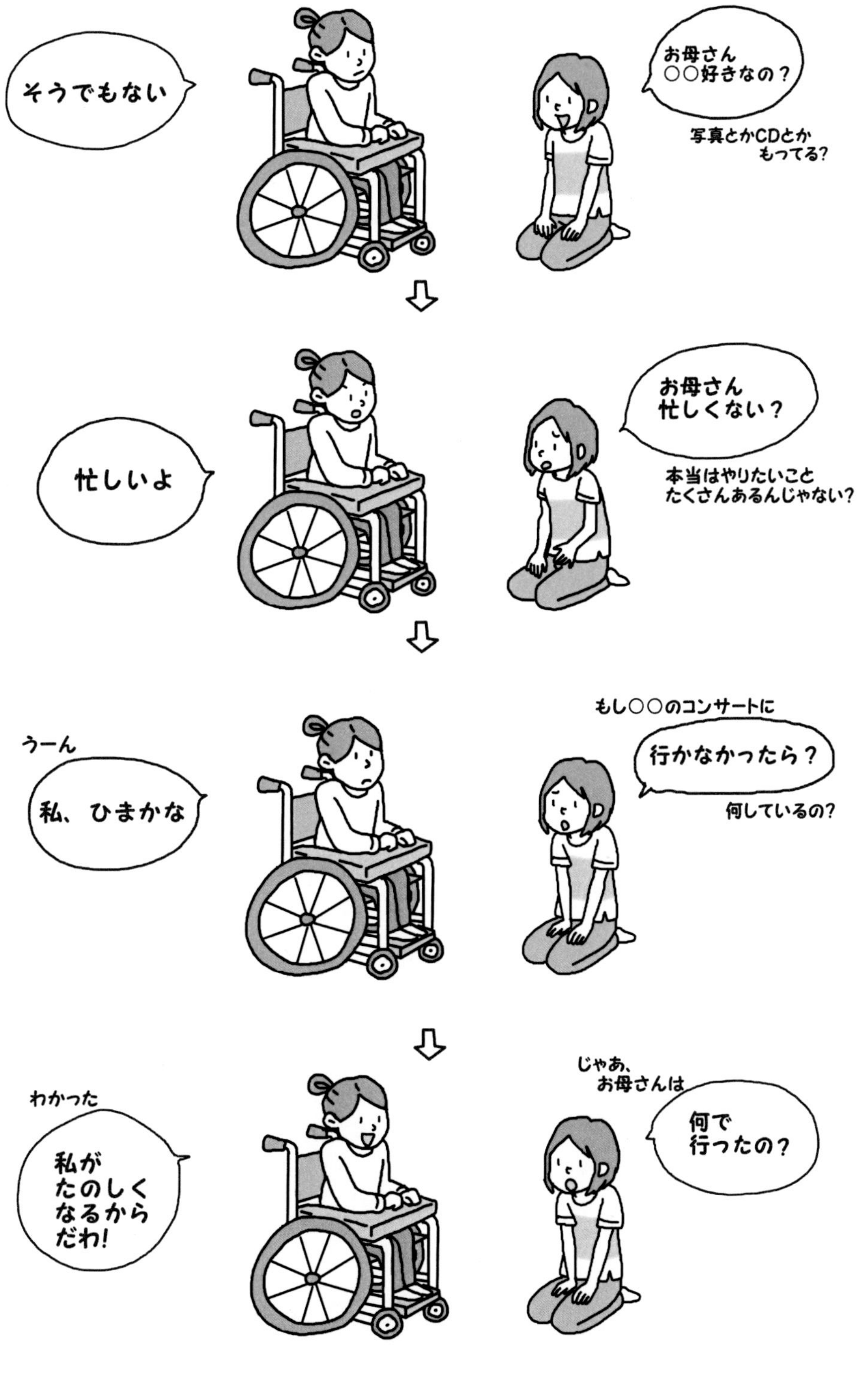
お母さん
○○好きなの？
写真とかCDとか
もってる？
そうでもない
お母さん
忙しくない？
本当はやりたいこと
たくさんあるんじゃない？
忙しいよ
もし○○のコンサートに
行かなかったら？
何しているの？
うーん
私、ひまかな
じゃあ、
お母さんは
何で
行ったの？
わかった
私が
たのしく
なるから
だわ！

第3章

思考や理解を支えるもの

「Ａさんは、普段の勉強はよくできるのに、試験になると上がってしまうのか力が発揮できないね」、「Ｂさんは、いざという時に頼りになるよな」といった発言はよく聞かれます。

その人の日常的に示される能力、本来もっているであろう知識や技術は、必ずしも必要な時に、期待された内容を満たすほど発揮されるとは限りません。また、それほど高い能力があるように見えなかった人が、少ない情報を整理し、状況を把握して周囲を的確に導いていくことがあります。

社会に出て直面する多くの問題は解答が１つではありません。その場その場の状況を理解し、次々と浮かび上がってくる課題を適切に解決していく中で、おのずとよい方向に向かっていく、という解決策が一般的でしょう。そしてより高い課題においては、得られる情報から見出される最もよい解決策をイメージし、その実現に向けて確実に作業を進めていく、という方法が選択されるように思います。

単なる知識の多さや技術の高さが、問題解決力の高さにつながるわけではありません。困難な状況の時に、最大限自分の力を発揮するためには、少なくとも「冷静であること（状況の把握や思考が行える精神状態であること）」、「筋道を立てて考えられること（論理的・客観的に思考できること）」が要請されます。

この章では、思考を支える内容である「冷静であること」、「筋道を立てて考えられること」の２点について、考えを進めていきたいと思います。

1．冷静であること　～静観的認識～

赤ちゃんは生後４カ月位になると、食事を催促して、「泣く」、「声を出す」ことを行うようになります。要求している時はただひたすらに泣いていますが、食事があまりに遠くにある時、食べ物が口に入った時に、ふと遠くを見るような、冷静な視線を見せることがあります。

生後６カ月を過ぎた赤ちゃんは、物への関心が広がり、とりわけボール遊びは大好きです。お母さんとボールで遊んでいた時に、コロコロと遠くにボールが転がっていくことがあります。そうした時の子ども達の視線をたどると、身体は動いていなくても、気持ちは「ボール欲しいな～」とボールの近くにあるように感じられます。そして、「取って」のサインは出せないけれど、「どうしよう」と考えているかのように視線をお母さんとボールに移します。

10カ月を過ぎると、赤ちゃんは随分と動けるようになります。でも、下のイラストのように、新しいおもちゃを前にした時、すぐには手を出さず、眺めるように見ている様子が観察されます。「これ、何だろう」、「どうやって動くのかな」と頭の中で目の前のおもちゃについて、あれこれ考えているようです。

こういった「身体の動きを止めて」、「対象を眺めるように見て考える」ことは、「静観的認識」と言われ、子ども達の発達において重要視されている内容です。

静観的認識とは、あることに夢中になり過ぎず、「～をしたい」といった意欲や「どうしよう、どうしよう」と興奮する気持ちを抑え、「何が起こっているの

音がなるの？
光るの？
ピカ
ビックリする？
スイッチ？
ポン
何だろう？

これは何？

か？」、「何が起こるのか？」、「どうしたらよいのか？」とその場から気持ちを離して距離を置いて考えることです。

現実に困難な場面に直面した時に、静観的認識を遂行することは思いのほか難しいものです。

「要求」や「関心」の内容が高ければ高いほど、実際の場面ではそれに夢中になります。３歳の子どもが深さ20センチの水で溺れるのも、「あー苦しい、息を吸わないと、助けて！」と呼吸すること、その場から逃れることに夢中になってしまうからです。「水が少ないから立てばいいんだ」、「少し顔を上げればいいんだ」といった客観的に見れば当たり前のことでも、「苦しい、何とか息を吸いたい」という思いでいっぱいの時に考える余裕はありません。

大人になっても同様です。「強盗が入ってきた」、「ケガをした」、「人前で話す」といった特別な場面では、静観的認識は難しくなります。

手を上げろ
ウッウッ
(声が出ない～)

「た、たすけて…」

物事に冷静に対処するためには、一度今の気持ちや考えから離れ、全体像を眺めて他の問題との関わりを考えることが必要です。「冷静な人」ということばが使われるように、静観的認識の程度は個人差が大きいものです。

学校教育の中でも冷静さを必要とする場面は用意されています。小学校１年生は、「いいですよ」と言われるまで机の上の「ハサミ」を触らない練習をします。学校生活を通し、「試験」、「発表会」、「行事」、「けんか」、「議論」といった、緊張状態を強いられる場面があります。こういった場面を経験し、本人なりに自分の心と身体を制御する術を身につけることで、冷静な対処が可能となっていくのでしょう。

○○発表会
次は僕の番だ

「き、緊張するな…」

2．筋道を立てて考える　～文脈～

理解を助け、筋道をたどって思考をするためには、その場の文脈を理解している必要があります。文脈とは、目的に向かって筋道を立てて考えを進めていく時の、「手順・手続き」にあたるものです。私達はことばよりも先にまずは出来事の文脈を理解し、それにあてはめてことばの意味を理解していくと言われています。

また、英語では「perspective《パースペクティヴ》（大局観）」と言われる内容が重要視されています。ここで重視されるのは、「大きな文脈の中に小さな文脈を組み込んで考えること」です。

日々の行動は、いつもの繰り返しである内容と、その日に起こる目新しい出来事との組み合わせで成り立っているので、安定して生活できます。例えば「外国で切符を買う」といった新奇な場面では、手掛かりが少ないため、何を、どうしたらよいか混乱します。私達は「朝起きてすること」、「服の着方」、「朝の挨拶の仕方」、「出勤の手順」など生活におけるたくさんの文脈をもち、それをあてはめながら生活しています。

文脈は、その長さにより、フォーマット、スクリプト、ルーティーンと呼び名が異なりますが、明確な定義があるわけではありません。

例えば、表１・２は、フォーマットと言われるものです。教育心理学者であるブルーナーは、著書「乳幼児の話しことば」の中で、「イナイイナイバー」に代

表１　基本となる支援の型

手続き	支援者の姿勢	やり取りの例		期待される行動
		支援者	子ども	
①開　始	アイコンタクトをとり、誰と、何をするかを伝える。	「～するよ」と言う。	「うん」と言う。	応答する。
②命　題（テーマとなる内容）	内容の理解を促す。	遊びや課題 ● おもちゃ遊び ● 手遊び等、様々な内容		遊びや課題を理解し、楽しむ。
③共　感	支援者の意図を伝える。	「おもしろいね」と言う。	笑う。	支援者と共感する。
④想　起（出来事を思い出す）	思い出すようなヒントを与える。	「～したね」と言う。	うなずく。	今行ったことを思い出す。
⑤次の展開へ	a　開始行動を待つ。	子どもを見ている。	「～したい」と伝える。	「もう一回」等サインを出す。
	b　何をするかを想像させる	「一本橋、する？」と聞く。	笑い、「あ」と声を出す。	遊びを思い出し、要求する。

※１つ１つの行動は動き過ぎず、子どもに見て欲しい所を強調する。

表されるフォーマットを言語獲得支援装置と呼び、「子どもは生得的に言語を獲得する装置をもっていたとしても、支援装置が発動しないと言語を獲得できない」と指摘しています。彼の説を参考にすると、「子ども達はイナイイナイバーのような決まり切った一定の枠組みの中で、次に何が起き、そこでどういうことがなされるのかを理解しているため、余裕をもってその内容が楽しめ、そこで使われることばを覚えていく」ようです。

表３で示されるように、フォーマットが長くなったものはスクリプトと言われ、「お医者さんごっこ」や、「誕生日ごっこ」にあたります。遊びの中である程度見通しがあり、変わり得るものと変わらないものがあるので、子ども達は変わり得るもの「『どこが痛いのですか』という問いかけに対する→『今日は頭が痛いです』という回答」を決定し、変わらないもの「お大事に」といった毎回繰り返される安定したことばをその場面と合わせて獲得していくと言われています。

子ども達の大好きな「鬼ごっこ」等のルールのある遊びも、「鬼を決める→数を数える→追いかけて捕まえる→鬼が交代する」といった大きな文脈があり、「数える数」、「捕まえる時の手順」等の小さな文脈は話し合いで決めていきます。子ども達は遊びを通し、崩してはいけない「大きな文脈」と、メンバーや時間によって左右され決定される「小さな文脈」を理解していきます。

小学校で行われる共同作業は「目標を目指して筋道を立てて考え、試行錯誤する過程」そのものです。例えば「新聞を作ろう」といった活動においても、「文章が書ける」、「写真が多い」、「印刷がきれい」といった１つ１つの内容に長けているだけでは新聞は作れません。「どういった物を作ろうとしているのか」、「そのためには何を準備したらよいのか」お

表２　手遊び ～一本橋～ の支援の型

手続き	やり取りの例	
	支援者	子ども
①開始	「一本橋をするよ」とＢさんの手をつかみ、手のひらを見せる。	「うん」と言う。
	「先生とするよ」と自分を指さす。	支援者の顔を見る。
②命題	「一本橋こちょこちょ…」と歌う。	歌を聴いている。
	「いくよ」とくすぐるポーズで止める。	笑い、支援者を見る。
	くすぐり、「おしまい」と言う。	笑う
③共感	笑い、「楽しかったね」と言う。	支援者を見て笑う。
④想起	Ｂさんの手をつかみ、手と支援者を見比べさせる。	思い出すように視線を上げ、支援者を見る。

互いが意見を出し合い、作業を通して形あるものを作り上げる必要があります。この時期にお互いの考えを出し合い、試行錯誤することで、結果的に「形のあるもの」が作り上げることを実感し、そういった皆で作り上げる喜びを味わうことは大切です。

学校教育では知識を重ね合わせ、解答に向かって考えを進め、解答を導くことが中心でした。（これを収束的な思考と言い、答えに考えを近づける思考方法です。）しかし、社会で求められることは、チーム等の集団で、一定の条件において、ある目的に沿って仮説を立て、その仮説を検証しながら、新しい物を作り出していくことがほとんどです（これは拡散的な思考と言われ、自分で答えを導き出す思考方法です）。ですから、将来行うであろうチームでの活動に対する信頼性を培うためにも、子どものうちから話し合い、何かを作り上げていくことはとても意義深いでしょう。

また、個人的な作業においても、次頁のイラストのような「料理の手順」１つをとっても、大きな文脈に照らして小さな文脈の在り方を考えていくことの重要性が問われ続けます。

今は出来上がっていない将来像をイメージし、それに照らしてどのように考えを進めていくか、その中で何に力を入れるのかを試行錯誤することが「思考」そのものだと言えるでしょう。

表3　お店やさんごっこスクリプト

	お店やさん	お客さん
1	いらっしゃいませ。	こんにちは。
2	何がいいですか？	**ボール**はありますか？
3	**赤いボール**と**青いボール**があります。 どちらがいいですか？	**赤いボール**をください。
4	はい、500円になります。ほかに欲しいものはありますか？	では、**サイコロ**もください。
5	はい、**サイコロ**は100円です。合計で600円になります。	はい、1000円です。
6	では、400円のおつりと**ボール**と**サイコロ**です。	ありがとう。
7	毎度ありがとうございます。	さようなら。

※**ゴシック**のところはその日によって内容を毎回変えるところです。

③ 料理を作って「切って」
⑤「焼いて」
④「こねて」
⑥「熱々は最後」
今日はパーティーだから・・・
① まず冷やして
② 買い物に行って
⑦デザートは
⑧最後ね

まず、「何をするか」を思い浮かべ、次にどういった手順で行うかを考えます。

何から始める？

用語索引

本書では、言語・コミュニケーションの発達に関する用語を文章の中で解説しています。以下の用語の意味を知りたい方は、該当するページをご参照ください。

最後に ～心の支援～

子どもの発達段階を理解し、今学ぶべき内容を明らかにすることを目的に、内言語の育ちを概観してきました。

本書で扱ったような発達段階と照らした支援、いわゆる発達年齢に対応した支援とともに、生活年齢と言われる暦年齢に対応した支援があります。内言語の発達は知的発達として理解されることが多く、学習内容の低さがその子どもの知的な発達の低さとして受け取られがちです。

確かに、障害が重いと言われる子ども達の多くは、高等部段階になってもことばを話さず、平仮名の学習には至りません。でも、子ども達の心は確実に成長しています。

例えば全校集会で講堂に集まった時、マイクの音を嫌い、その場に長くいることに耐えられず、泣いたり声を張り上げたりして講堂から出ることになる小学部の子どもは少なくありません。中学部の子ども達からは、下を向いて全身に力を入れていたり、目をつむったりすることで、その場を静かに過ごそうと努力する様子が見て取れます。では高等部の子どもは、と眺めてみると、話している人の方を向いていたり、そうでないところを見ていたりとその対応は様々ですが、全体として余裕が感じられます。

生活の経験、学習の経験は確実にその子どもの知識となり、本人なりに対処する方法を考え、身につけていきます。

そういった子ども達の心の発達への支援を考えたのが下の図です。この図に沿ってその時その時期に育てたい心について述べ、それをこの本の結びにしたいと思います。

小学部の子ども達には、まずは惜しみない愛情を注ぎたいと思います。支援を必要とする子どもの多くは、生後しばらくは身体面も精神面も安定しない状態が続きます。また、保護者の側も子ども達を理解し、受け入れることに時間がかかることがあります。ですから、「私は大切にされている、皆に愛されている、だから何をしても大丈夫」と

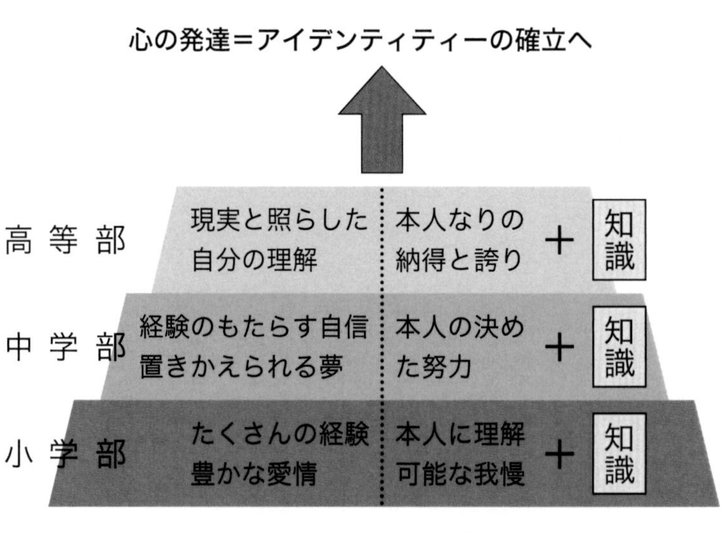

いった気持ちが子ども達の中に芽生え、人生の土台として根付くように、身体接触や賞賛などの多くの方法を用いて、子ども達の中に「愛される私」を作り上げたいものです。

そしてその中で、本人が理解可能な程度の、例えば目の前のお菓子にすぐに手を伸ばしたいけれど、「みんなで『いただきます』をするまで待とう」、「本当は苦手だけれど、少しだけこの乗り物に乗ってみよう」といった小さな我慢を必要とする場面を数多く設定しておくことが大切に思います。

安定した気持ちと、「私は～を待つことができる」、「私は～ができた」といった経験は、そのまま本人の知識となります。そして、「私は我慢をした」という本人の理解可能な経験にあたる知識は、彼らの努力につながります。

中学部になって学校生活にも多少余裕がもてるようになると、「大好きな～先輩のように」、「ほかの皆がしているように」と子ども達は何らかの目標を描くようになります。そういった目標に向かって努力していくことで、たとえ思い描いた通りの結果は得られなくても、「～に向かって努力した経験」は子ども達の知識となります。そうした努力の経験は子ども達の自信へとつながります。

高等部になり、それぞれに目指すところは異なってきますが、どういった状況に直面しても「かけがえのない自分」を受け入れることで、同じように努力を重ねている周囲の人達を受け入れられるようになっていくのではないでしょうか。

そういった経験が子ども達にもたらす知識は、卒業後の子ども達の支えとなるように思います。学校が、社会がすべきことは、子どもが学校を巣立ってからの長い人生の土台作りのお手伝いにほかなりません。

多くの困難に直面した時に、驚き過ぎず、冷静に、今置かれている状況を理解し、これまでの知識と新しい考えを照らし合わせてその子どもなりに考え、最もよい答えを見つけられるように、安定した、かつ柔軟な頭と心をもつ人であり続けられるように、子ども達を育てることが私達大人の役割と言えるでしょう。

本書はコミュニケーション発達支援シリーズの５冊目となります。いつもながら本書の作成には職場や研究会の多くの仲間、関係者の支援をいただきました。こういった環境で仕事ができることに、また、未完成ながらも新しい内容に取り組めたことに感謝し、また明日から新たな気持ちで子ども達と向き合っていきたいと思います。

中野善達先生を偲んで

平成21年1月2日、筑波大学大学院時代の恩師である中野善達先生が急逝されました。

日本特殊教育学会会長、多数の著書、「狼に育てられた子」等の訳書、講演活動を通じて日本の特別支援教育に多くの功績を残された方です。

話のおもしろさは知識と知性にこそある、文章は相手にわかるようことばを選ぶ、資料は手と足で集める、大家になっても変わらない、そういった在るべき姿勢を学びました。

ご指導いただけたことに感謝し、ご冥福をお祈りすると共にこの本を先生に捧げます。

平成21年１月　坂口しおり

執筆者・編集協力者一覧

執筆者　坂口しおり　東京都立府中特別支援学校

編集者　坂口しおり　東京都立府中特別支援学校
　　　　恒岡　　武　東京都立府中特別支援学校
　　　　田中　美成　東京都立小平特別支援学校
　　　　久富あゆみ　東京都立七生特別支援学校

編集協力者

宇田川良行・神戸清孝・千葉忍（東京都立府中特別支援学校）／飯塚純子（東京都立東部療育センター）／岩澤雅子（東京都立町田の丘学園）／加藤千沙絵（児童デイサービスセンターぱれっと）／金谷久美子（東京都立墨東特別支援学校）／佐藤渉（東京都立矢口特別支援学校）／谷本式慶（東京都立多摩桜の丘学園）／舟津もえ子（東京都立八王子東特別支援学校）

多摩リハビリテーション学院（学生）　磯田有希・岩本貫太・大川裕子・酒井裕稔・土屋幸子・原木あゆみ・中塚誠

（所属は平成21年３月現在）

絵で見ることばと思考の発達
オンデマンド版

2023年９月13日　発行
■著　者　坂口しおり
■発行者　加藤　勝博
■発行所　株式会社ジアース教育新社
　　　　〒101-0054　東京都千代田区神田錦町1-23
　　　　宗保第2ビル
　　　　電話番号　03-5282-7183

表紙/本文イラスト　上原　まり
表紙デザイン　宇都宮政一（ピーカーブー）
※本書は2009年３月に発行した初版を、価格を改定しオンデマンド版として発行したものです。
○定価はカバーに表示してあります。
○乱丁・落丁はお取り替えいたします。
ISBN978-4-86371-668-1